U0938491

1
JANUARY

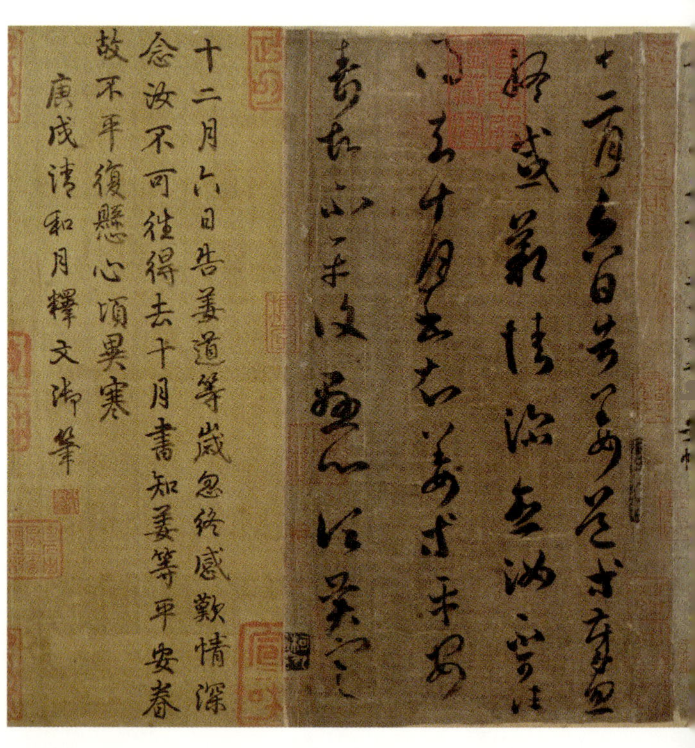

王羲之（303—361年）

草書《平安帖》（局部）

手卷　絹本水墨　24.5×13.8 厘米

中國嘉德 2010 年秋季拍賣會

成交價 RMB 308,000,000

臘月初二
甲辰年

*元旦

一月
January

1

WEDNESDAY 星期三

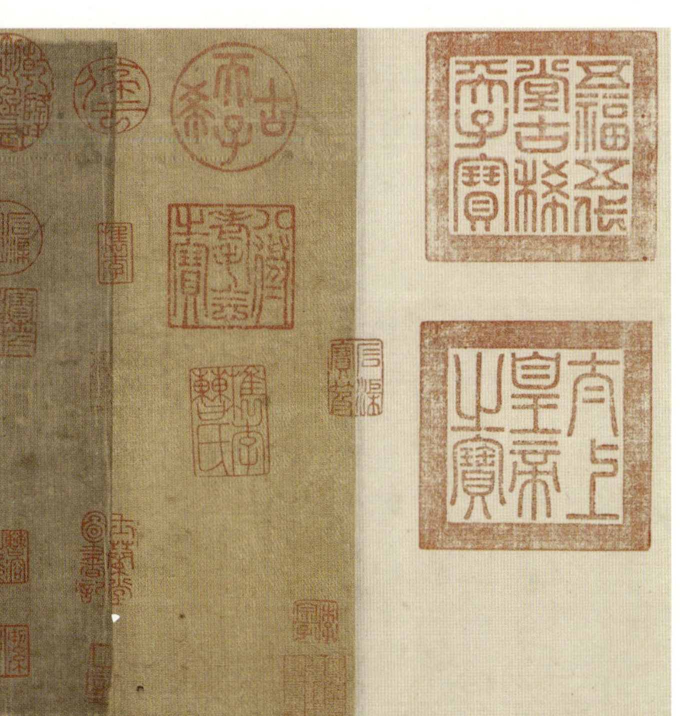

《平安帖》又稱《告姜道帖》，筆法圓勁古雅，頗合王羲之草書法度。完整的草書《平安帖》今已不見，此卷存有前四行41字。據卷上題跋、收藏印記，本卷至少在元代已輾轉於柯九思等名鑒藏家之手，曾經文徵明、曹溶、李宗孔、梁清標等大家遞藏，清代進入內府，著錄於《石渠寶笈續編》，存養心殿，被乾隆帝稱為“可亞時晴帖”。

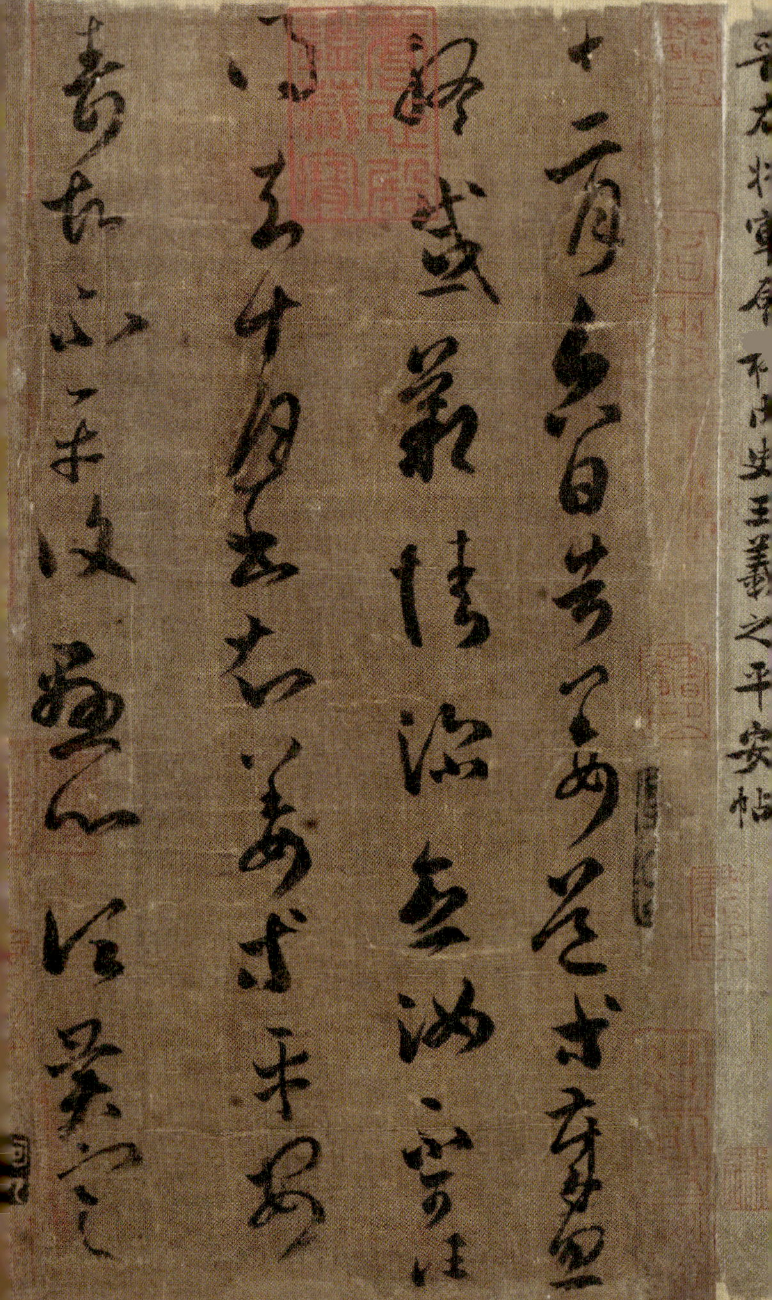
晉右將軍會稽內史王羲之平安帖

臘月初三
甲辰年

GUARDIAN ART CALENDAR 2025

一月
January

2

THURSDAY 星期四

王羲之 (303—361 年)
草書《平安帖》(局部)
手卷 絹本水墨 24.5×13.8 厘米

甲辰年

臘月初四

一月

January

3

FRIDAY

星期五

王羲之（303—361年）

草書《平安帖》（印鑒）

手卷 絹本水墨 24.5×13.8厘米

佚名（清）

欽定補刻端石蘭亭圖帖緙絲全卷（局部）

手卷　緙絲　31.6×1714.5 厘米

中國嘉德 2004 年春季拍賣會
成交價 RMB 35,750,000

一月
January

4

SATURDAY 星期六

此卷為《欽定補刻端石蘭亭圖帖》的緙絲本，全卷共織就60個人物、9,162字，被譽為“緙絲之王”。通幅集結書法、繪畫、碑帖和璽印等諸多傳統藝術形式，在工藝上突破了許多史無前例的技術難題，代表着清宮乃至世界緙絲的歷史最高水準。此卷經《石渠寶笈三編》著錄，是至今所知唯一一件以碑帖為底本織作的緙絲作品，也是迄今所見最長的緙絲手卷。

甲辰年

臘月初六

小寒

一月

January

5

SUNDAY

星期日

佚名（清）

欽定補刻端石蘭亭圖帖緙絲全卷（局部）

手卷　緙絲　31.6×1714.5 厘米

佚名（清）

欽定補刻端石蘭亭圖帖緙絲全卷（局部）

手卷　緙絲　31.6×1714.5 厘米

臘月初七
甲辰年

一月
January

6

MONDAY
星期一

甲辰年 臘月初八

一月
January

7

TUESDAY 星期二

佚名（元末明初）

說經圖（局部）

立軸 絹本設色 98×55 厘米 ×3

中國嘉德 1998 年秋季拍賣會
成交價 RMB 1,210,000

此作共作三幅，繪佛教説經題材。畫面採用左右對稱構圖，用筆圓勁流暢，設色富麗古雅。中幅為説經的主尊，釋迦牟尼佛結跏趺坐，右手作説法印。左右兩幅為聽經的四大菩薩，菩薩非胡貌梵像，皆為中土人士樣貌，頭戴寶冠，頸佩瓔珞，身着天衣，莊嚴肅立。此作為乾清宮舊藏，著錄於《秘殿珠林續編》，八璽俱全，是佛教畫中的上品。

臘月初九
甲辰年

一月
January

8

WEDNESDAY 星期三

佚名（元末明初）
說經圖（局部）
立軸 絹本設色 98×55 厘米 ×3

錢維城 (1720—1772 年)

花卉冊 (十二開)

冊頁 紙本設色 27.5 × 37 厘米 × 12

中國嘉德 2018 年春季拍賣會

成交價 RMB 66,700,000

中國嘉德 2020 年春季拍賣會

成交價 RMB 59,800,000

甲辰年 臘月初十

GUARDIAN ART CALENDAR 2025

一月

January

9

THURSDAY 星期四

此冊作折枝花12種，以沒骨暈染出花朵的形狀，精工刻意，造型逼真。用色的濃淡表現花的層次，光影變幻，頗有燦爛富貴的廟堂氣象。錢維城將文人畫的筆墨完美融合現實的花草，創作出一派絢美的百花爭妍之境。畫作每頁有乾隆御題七絕一首，頁頁題詠，可見其對此冊欣賞之甚。此冊經《石渠寶笈三編》著錄，乾隆御題詩著錄於《御製詩三集》。

錢維城 (1720—1772 年)

花卉冊 (十二開 · 部分)

冊頁 紙本設色 27.5×37 厘米 ×12

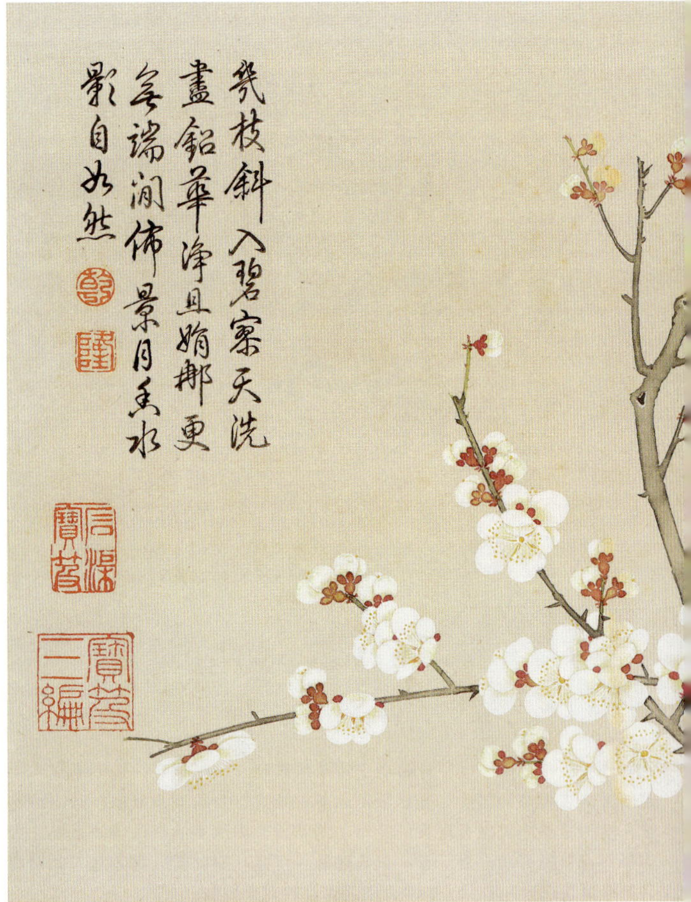

臘月十一
甲辰年

一月
January

10

FRIDAY
星期五

臘月十二
甲辰年

一月
January

11

SATURDAY 星期六

錢維城 (1720—1772 年)

花卉冊 (十二開 · 局部)

冊頁 紙本設色 27.5 × 37 厘米 × 12

錢維城（1720—1772 年）

花卉冊（十二開 · 局部）

冊頁 紙本設色 27.5×37 厘米 ×12

臘月十三
甲辰年

一月
January

12

SUNDAY
星期日

錢維城（1720—1772 年）

花卉冊（十二開 · 局部）

冊頁 紙本設色 27.5×37 厘米 ×12

臘月十四
甲辰年

一月
January

13

MONDAY
星期一

錢維城（1720—1772 年）

花卉冊（十二開 · 局部）

冊頁 紙本設色 27.5×37 厘米 ×12

臘月十五
甲辰年

一月
January

14

TUESDAY
星期二

錢維城（1720—1772 年）

花卉冊（十二開・局部）

冊頁 紙本設色 27.5×37 厘米 ×12

臘月十六
甲辰年

一月
January

15

WEDNESDAY 星期三

陳淳 (1483—1544 年)

水仙

手卷 紙本水墨 26 × 238.5 厘米

中國嘉德 2012 年春季拍賣會
未成交

甲辰年
臘月十七

一月
January

16

THURSDAY　星期四

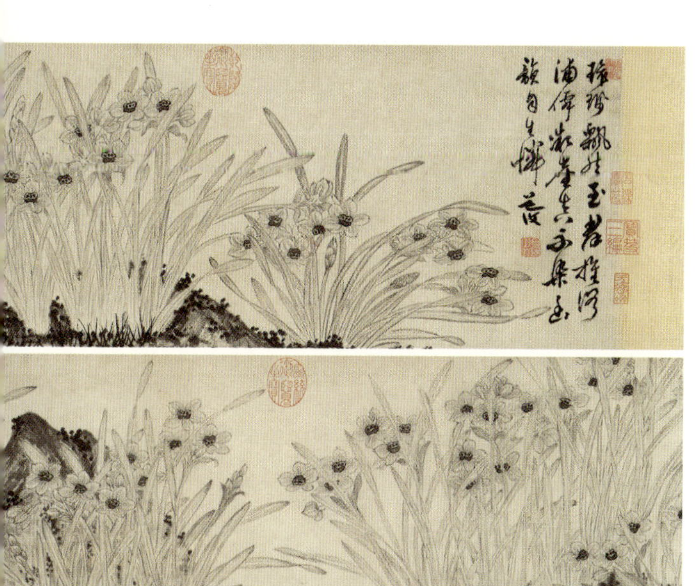

此卷以雙勾法寫水仙，勁利健拔，瀟灑而有生機，後襯以水墨拳石，黑白疏密，水邊崖畔，遂有清氣流行。陳淳畫以疏宕見長，此卷則繁茂遒麗，石法更以密皴細點，淳厚淹潤，頗有元人意味。此卷於乾隆前即入內府，著錄於《石渠寶笈三編》，後被溥儀攜出而流落民間。民國時為上海著名實業家、收藏家孫煜峰虛靜齋所藏，後經多次著錄出版。

陳淳（1483—1544年）

水仙（局部）

手卷 紙本水墨 26×238.5厘米

臘月十八
甲辰年

GUARDIAN ART CALENDAR 2025

一月
January

17

FRIDAY

星期五

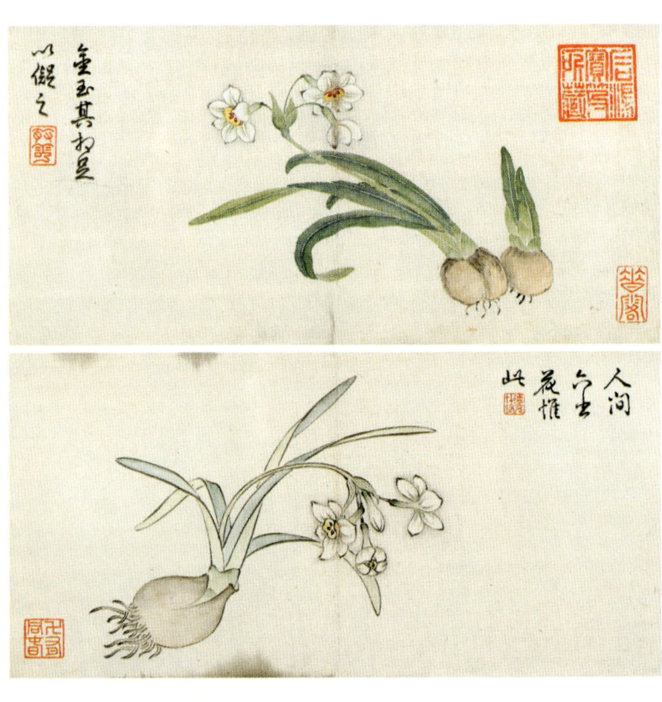

乾隆帝 (1711—1799 年)

水仙四幀

冊頁 紙本設色 13.8×27.3 厘米 ×4

中國嘉德 2011 年秋季拍賣會
未成交

臘月十九
甲辰年

一月
January

18

SATURDAY 星期六

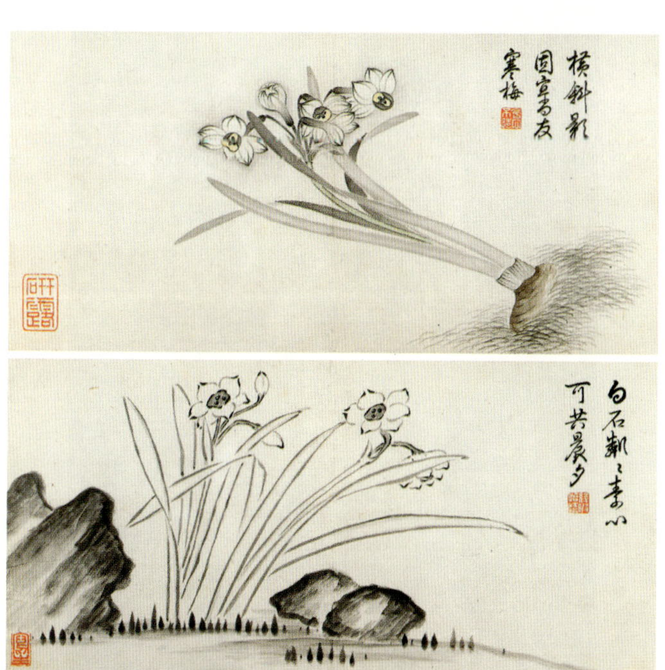

此冊原為八開冊頁，今僅見四開。畫作以極佳紙作，或水墨，或雙鉤，或設以淡色，或竟以沒骨，應是目之所見，心有所感，興之所至而作。畫面構圖雖簡，但造型甚準，最不易者能神閑意定，有安祥平和之趣，堂皇富貴之態。上有乾隆帝自題“金玉其相，足以擬之”，自視甚高。此冊著錄於《石渠寶笈續編》，曾為比利時尤倫斯夫婦收藏。

羅浮香夢

寒翠長條野岸邊雪枝如雲午籠煙
濃香淺月玲瓏影映見雪間宿鳥眠
汾亭石嶸題

臘月二十
甲辰年

一月
January

19

SUNDAY
星期日

湯正仲 (宋)

羅浮香夢圖

立軸　紙本設色　1206 年作　136×65 厘米

中國嘉德 2002 年秋季拍賣會
成交價 RMB 726,000

羅浮指中國古代傳説中的仙境，也代表着人生如夢、好景難長的意思，之後漸漸地被用來代指梅花。湯正仲是畫梅名手揚無咎的外甥，深得其旨，習得一手“梅影”之法。此軸以淡墨烘於白梅之外，以其外淡墨襯顯白花，白梅清雅如傅粉之色。據今所知，湯正仲的作品僅此一件著錄於《石渠寶笈三編》，亦不曾在他處有見，應為孤品。

錢維城 (1720—1772 年)

蘇軾艤舟亭圖

手卷 紙本設色 引首：26×78 厘米；畫：26×74.7 厘米；

跋一：26×81 厘米；跋二：26×18 厘米

中國嘉德 2019 年秋季拍賣會

成交價 RMB 74,750,000

甲辰年
臘月廿一

大寒

一月
January

20

MONDAY
星期一

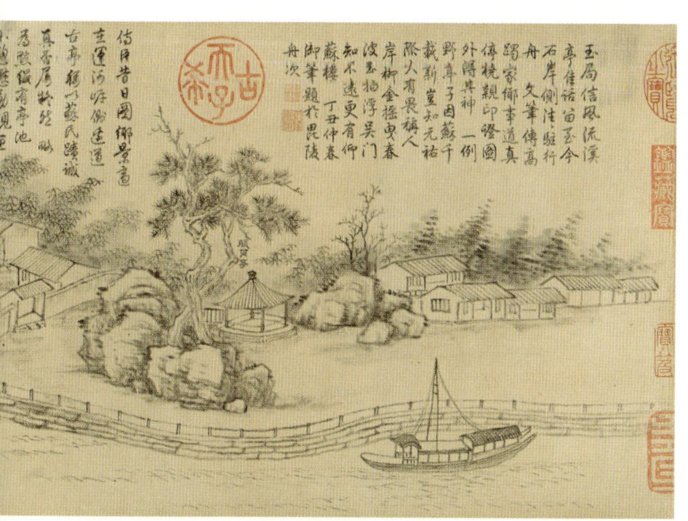

“東坡艤舟亭”乃常州士民為紀念蘇東坡而於其當年泊舟處所建。此卷寫遠河一側，拳石綠竹間一亭翼然。亭後有疊石為山的園落，境界清幽。全卷淡墨勾勒大體，皴擦肌理，濃墨點寫樹木山石，繪出江南園林的清秀景致又略有蕭瑟之感。本卷入《石渠寶笈續編》，又得乾隆一再題詠，並於第六次南巡舟次於此時再題詩數首，表達對錢維城的追思。

松桂長春
臣弘旿敬繪

甲辰年
臘月廿二

一月
January

21

TUESDAY 星期二

弘旿 (1743—1811 年)

松桂長春

立軸 紙本設色 126.5 × 55.5 厘米

中國嘉德 2021 年秋季拍賣會
成交價 RMB 29,900,000

此幅繪巨石旁長松挺立，金桂綻放，松下月季、劍蘭叢生。松石以淡墨勾勒、後施淺絳、濃墨點苔，花卉全用“沒骨法”，筆墨勁拔，色彩明媚。松、蘭、月季譬喻福壽綿長，金桂寓意富貴。月季因秋冬百卉凋零，唯它四季常開，得乾隆帝賜名“長春花”。本軸經《石渠寶笈續編》著錄，自創作完成進呈御覽之後，始終在清宮張掛。

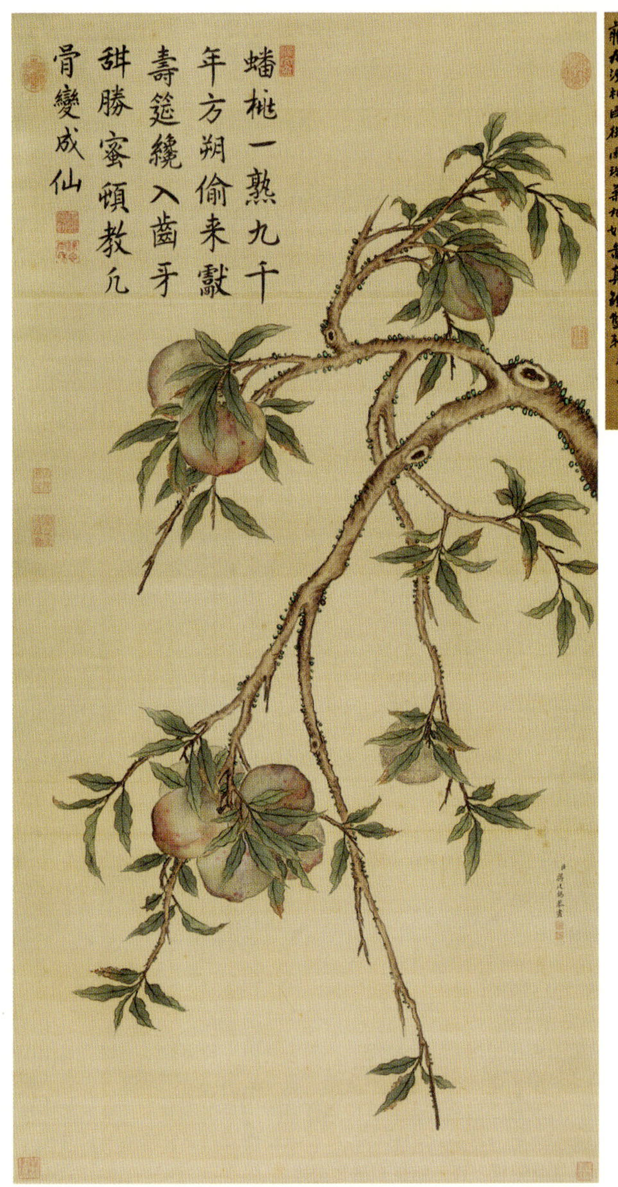
蟠桃一熟九千
年方朔偷来獻
壽筵纔入齒牙
甜勝蜜頓教凡
骨變成仙
臣蔣廷錫恭畫
蔣南沙相國御用瑞菓九如畫真蹟墨軸
神品

臘月廿三
甲辰年

北小年

一月
January

22

WEDNESDAY 星期三

蔣廷錫 (1669—1732 年)

蟠桃圖

立軸 絹本設色 133×66.6 厘米

中國嘉德 2018 年秋季拍賣會
未成交

此軸寫九桃成熟之景，枝勁葉茂，碩果纍纍。桃以沒骨寫出，隨形傅彩，白中透出粉嫩。桃葉翩翩，汁綠寫形，墨筆勾筋，生動超逸。畫作寓意祥瑞，應是貢御的應景之作。畫面左上方康熙帝題唐人《詠桃》詩一首，淡雅祥和、融洽相悅的君臣關係充溢畫面。本軸舊藏重華宮，著錄於《石渠寶笈初編》，後經民國鑒藏大家汪士元收藏。

甲辰年

臘月廿四

南小年

一月

January

23

THURSDAY 星期四

戴洪、張為邦、陳枚、陳善、丁觀鵬（清）

群仙獻壽（院本壽意圖）（十二開）

冊頁 絹本設色 32.3×29.6 厘米 ×12

中國嘉德 2007 年春季拍賣會

成交價 RMB 7,728,000

據《石渠寶笈初編》著錄，此作原共計八冊，九十四開。本品將各冊中散出之十二開合為一冊，包括“叱石成羊”等人物故事六開，“麒麟”和“鳳凰”兩開，“松鶴延年”和“鴛鴦”兩開，“蝙蝠”和“靈芝”兩開。另存外簽“群仙獻壽，臣陳枚恭進”則為第五冊原簽和原封面。各開皆刻畫工致精進，設色研雅高古，所繪內容傳遞出祝壽的吉祥寓意。

臘月廿五
甲辰年

一月
January

24

FRIDAY

星期五

戴洪、張為邦、陳枚、陳善、丁觀鵬（清）
群仙獻壽（院本壽意圖）（十二開 · 局部）
冊頁 絹本設色 32.3×29.6 厘米 ×12

甲辰年 臘月廿六

GUARDIAN ART CALENDAR 2025

一月
January

25

SATURDAY 星期六

戴洪、張為邦、陳枚、陳善、丁觀鵬（清）
群仙獻壽（院本壽意圖）（十二開·局部）
冊頁 絹本設色 32.3×29.6 厘米 ×12

臘月廿七
甲辰年

GUARDIAN ART CALENDAR 2025

一月
January

26

SUNDAY
星期日

戴洪、張為邦、陳枚、陳善、丁觀鵬（清）
群仙獻壽（院本壽意圖）（十二開・局部）
冊頁 絹本設色 32.3×29.6 厘米 ×12

臘月廿八
甲辰年

一月
January

27

MONDAY
星期一

戴洪、張為邦、陳枚、陳善、丁觀鵬（清）
群仙獻壽（院本壽意圖）（十二開．局部）
冊頁 絹本設色 32.3×29.6 厘米 ×12

臘月廿九
甲辰年

除夕

一月
January

28

TUESDAY
星期二

戴洪、張為邦、陳枚、陳善、丁觀鵬（清）
群仙獻壽（院本壽意圖）（十二開・局部）
冊頁 絹本設色 32.3×29.6 厘米 ×12

戴洪、張為邦、陳枚、陳善、丁觀鵬（清）

群仙獻壽（院本壽意圖）（十二開．局部）

冊頁　絹本設色　32.3 × 29.6 厘米　× 12

乙巳年
正月初一

*春節

一月
January

29

WEDNESDAY 星期三

正月初二
乙巳年

*年初二

一月
January

30

THURSDAY 星期四

戴洪、張為邦、陳枚、陳善、丁觀鵬（清）
群仙獻壽（院本壽意圖）（十二開・局部）
冊頁 絹本設色 32.3×29.6 厘米 ×12

戴洪、張為邦、陳枚、陳善、丁觀鵬（清）

群仙獻壽（院本壽意圖）（十二開・局部）

冊頁 絹本設色 32.3×29.6 厘米 ×12

正月初三
乙巳年

*年初三

一月
January

31

FRIDAY
星期五

2
FEBRUARY

（傳）**方椿年**（宋）

瑤池獻壽圖

手卷 絹本設色 1229 年作 49 × 526 厘米

中國嘉德 2014 年秋季拍賣會

成交價 RMB 12,075,000

中國嘉德 2017 年春季拍賣會

成交價 RMB 19,550,000

乙巳年
正月初四

＊年初四

二月
February

1

SATURDAY 星期六

此卷傳為方椿年所作，畫法精工艷麗，勾勒烘染皆一絲不苟。全卷寫蓬山瀛海，瑤台碧天之間，祥雲滿空，靈鳥飛集，群仙或駕雲，或跨浪，或乘鸞輿，來瓊島為王母慶壽。島上群峰積翠，瑞草遍地，繁花如織，蟠桃正熟，有祥瑞慶壽之寓意。本卷舊為清宮所藏，著錄於《石渠寶笈初編》，引首與隔水亦為清宮舊物，極為難得。

正月初五
乙巳年

二月
February

2

SUNDAY
星期日

(傳)方椿年(宋)

瑤池獻壽圖(局部)

手卷 絹本設色 1229 年作 49 × 526 厘米

（傳）**方椿年**（宋）

瑤池獻壽圖（局部）

手卷 絹本設色 1229 年作 49×526 厘米

乙巳年

正月初六

立春

二月

February

3

MONDAY

星期一

乙巳年 正月初七

二月
February

4

TUESDAY 星期二

(傳)方椿年(宋)

瑤池獻壽圖(局部)

手卷 絹本設色 1229年作 49×526厘米

正月初八
乙巳年

二月
February

5

WEDNESDAY 星期三

(傳)方椿年(宋)
瑤池獻壽圖(局部)
手卷 絹本設色 1229 年作 49×526 厘米

羲之白
廿四日慶白唯久白叔
適奴來以未面遲
想乃示其問之資
何生想足反示
旨慶白

敘彰苦增益遐
來蕭散悴侍出言知
自如書此長絕語語
乃示其言反示以其至
敘彰示、
語白言其承問語示

七月十日羲告朗等
復旋火盛傷無切
不自勝奈何奈何轉
復汝等各可可知足
問足足甚慰並勤不來
之尚及不具告父

朱方方榮以沒叔
遠今不見王語耶
三月四日鉤彭之未
各慰感七月書云
知但月如秋契
爲之方不具王鉤

崇禎六年歲在癸酉
四月朔臨淳化帖
思翁

乾隆乙丑暮春月望日養心
殿御筆曾臨一過

正月初九
乙巳年

二月
February

6

THURSDAY 星期四

董其昌（1555—1636年）

臨《淳化閣帖》（五開）

冊頁 紙本水墨 1633年作 25.5×13.5 厘米 ×5

中國嘉德 2007年秋季拍賣會
成交價 RMB 2,016,000

《淳化閣帖》共十卷，是宋太宗集宮中所藏魏晉隋唐諸家墨跡匯刻而成的著名法帖，董其昌曾多次臨摹。此冊乃臨晉人王敦《蜡節帖》、王洽《辱告帖》、王珣《三月帖》、王廙《廿四日帖》、謝萬《告朗帖》，雖是臨寫，但不規於形似而自成一格，字跡圓厚舒展，流暢自如。本冊原為清宮舊藏，著錄於《石渠寶笈初篇》，後為畫家黃君璧收藏。

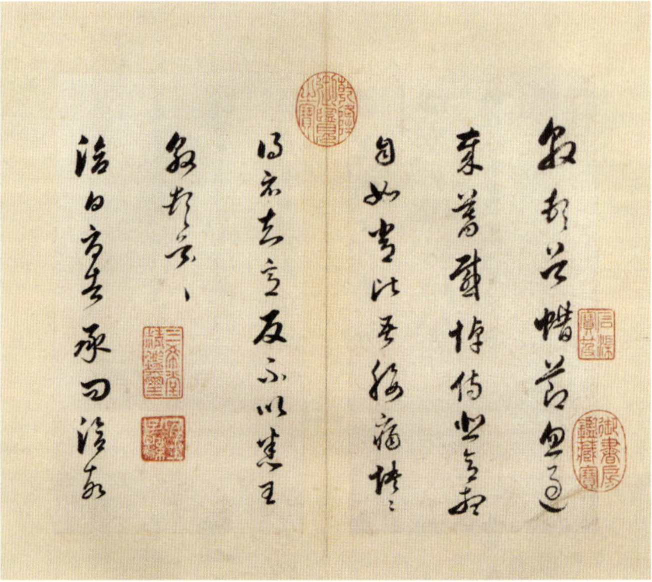

叙别共惜昔邑邑
來著聲惇傳出京者
自如書法至緣竊懷懷
得京來言友不以遠至
叙款言言
諮白言事承面諭

正月初十
乙巳年

二月
February

7

FRIDAY

星期五

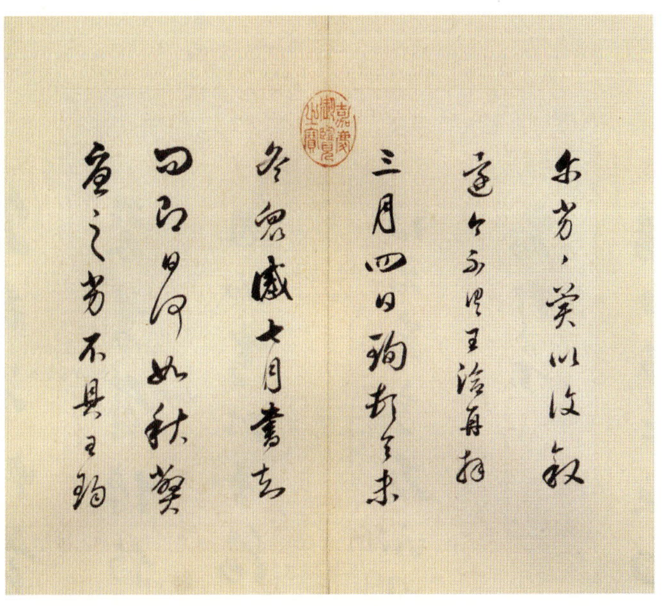

董其昌 (1555—1636 年)

臨《淳化閣帖》(五開 · 部分)

冊頁 紙本水墨 1633 年作 25.5×13.5 厘米 ×5

跋

崇禎六年歲在癸酉

四月朔臨淳化帖

思翁

乾隆乙丑暮春月望日養心

殿御筆曾臨一過

正月十一
乙巳年

二月
February

8

SATURDAY 星期六

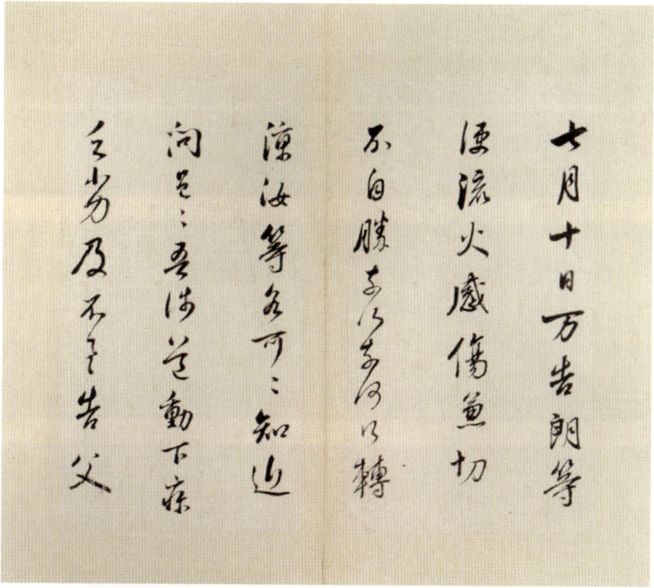

董其昌（1555—1636 年）

臨《淳化閣帖》（五開 · 部分）

冊頁 紙本水墨 1633 年作 25.5×13.5 厘米 ×5

歲寒三益

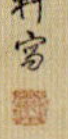

壬辰長至月望三友軒寫

乙巳年

正月十二

二月

February

9

SUNDAY

星期日

乾隆帝 (1711—1799 年)

歲寒三益

立軸 紙本水墨 1772 年作 86.5×62.5 厘米

中國嘉德 2007 年春季拍賣會
未成交

乾隆帝一生最愛書畫，萬機之暇，每以筆墨自遣，或臨仿古人，或以逸筆自運，枯木竹石，類多墨戲。此軸寫松、竹、梅三友，松象徵常青不老，竹象徵君子之道，梅象徵冰清玉潔。用筆生拙，墨色腴潤，近乎文人遊戲。此軸著錄於《石渠寶笈續編》，據記載，應為圓明園方壺勝境處存放，或可能於1860年英法聯軍火燒圓明園時散出。

今古閒眩了示
摇筆鉄方内多
鳶飛谷名子午
先登一坐守庚
申不但三變士
占星嘗斗仙詩
家混涯或冀南
為異署取深心
作篇今游人宵
細參　舊事丹
鉛不種藍田種
舊來志秘金軒
新秘傲妻封了
婿秀花開山室
三流詠須史發

洛下徽圖早晚
詔江南憑異酥
舞四渡袖出御
話為指月澤
十歲都居作醮
撐村農村曉同
老條玉壺欲去
免蓑六竹萬里
出家渡三只見
陶公怡嶺上涯
去劍客是圓南
回來寶晉先生
邮示儿宗字兜
話談　須榆霜
舊經秀物漢、
前輿赴
閣緣逢鴻澍侶
聖鄉糊阻廢來

書越生風味洛
酵上羽客若池
呂夢雲漫詠陶
詩當黃菊傍游
只解愛重慶
九流清鑒居方
甄林治軍奉紫
電掣帝念股肱
三精重師中耳
目一時新廟急淀
水依蓮幕無
後驅車遊柏人
為問墨、金佛
印錢誰先後
實前義
溫洛出穎高天地
中千秋再見鳳
游貴直緣干羽

作虞典不但猶
良翮漢風與府
論功銘勳釜内
庭翰墨賦形弓
承明著作急班
掾藏筆精能紀
大漢形弓重矢
藥珠庭瑞露詞
長干執法星圮
上登傳書是素
臺中獨坐驚粹
青人看劍夜通
三極手握風雲
馭百靈爭向攬
撰論笙子旅字
庭勝佛名經
髮人與楚為同
娃向我吟吳趨

四枝新芳懷過
雲夢澤魚淺豆
黄漢江涉恰分
它今彩慕大
黃塵真風虞
森赤幟渥飛左
祖為宗晨
樓臺花兆　其昌

正月十三
乙巳年

二月
February

10

MONDAY 星期一

張照 (1691—1745 年)

臨董其昌書雜詩

手卷 紙本水墨 7.5×113 厘米

中國嘉德 2018 年春季拍賣會
成交價 RMB 7,820,000

《石渠寶笈》所著錄的張照作品中，有80餘件是恭進內府的臣字款作品，涉及臨帖的有20餘件，其中以臨董其昌最多。此卷臨董其昌行書，墨沉筆酣，然力避董書的秀媚，而參融顏、米二家厚樸的體勢，別有一種拙茂重實之趣。此卷著錄於《石渠寶笈續編》，後經義州李氏家族收藏，保存甚佳，是張照臨董書中極精之作。

張照（1691—1745 年）

臨董其昌書雜詩（局部）

手卷　紙本水墨　7.5×113 厘米

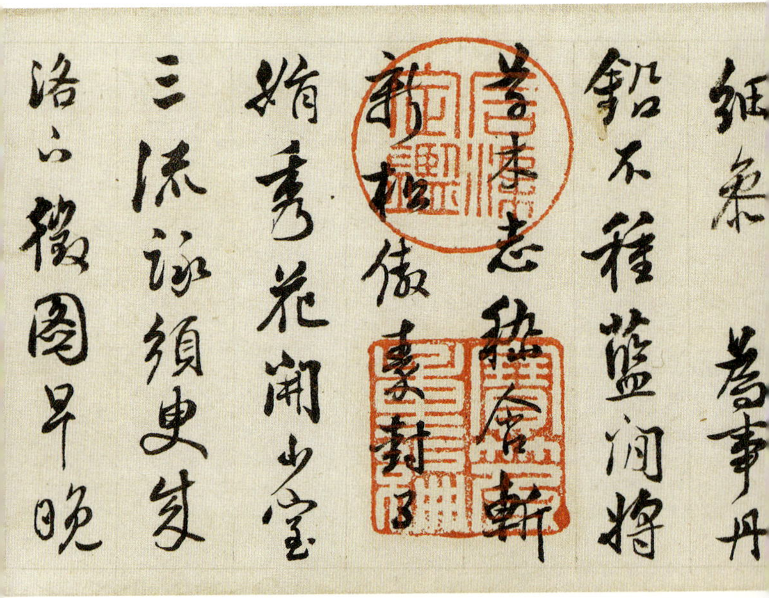

正月十四
乙巳年

GUARDIAN ART CALENDAR 2025

二月
February

11

TUESDAY
星期二

張照（1691—1745年）

臨董其昌書雜詩（局部）

手卷　紙本水墨　7.5×113厘米

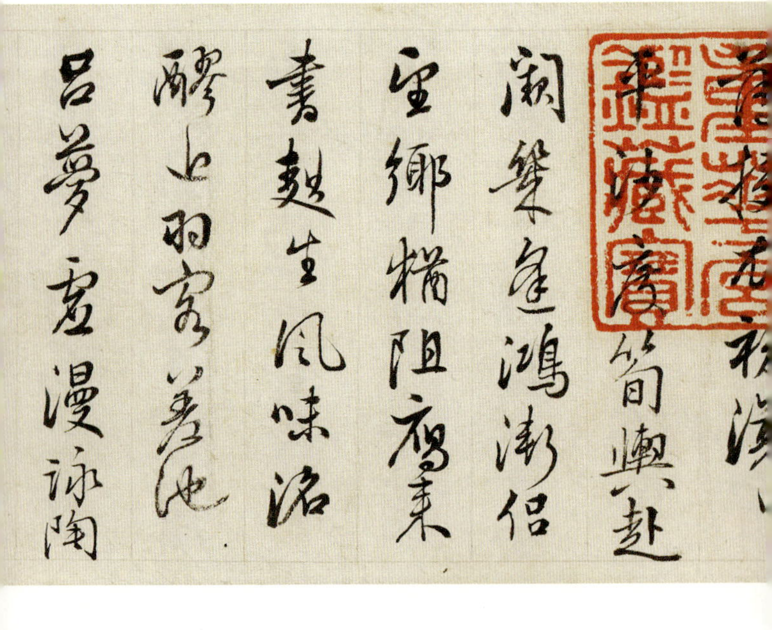

正月十五
乙巳年

元宵節

二月
February

12

WEDNESDAY 星期三

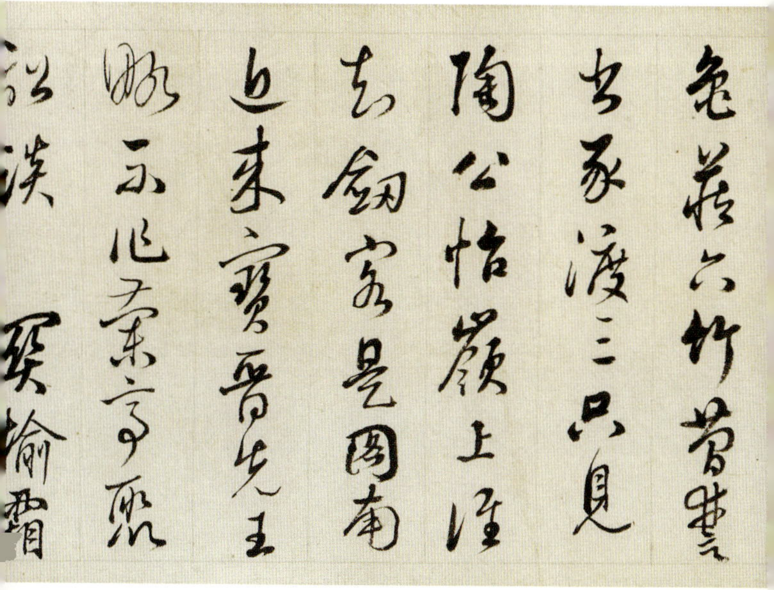

石渠定鑑

乾隆御覽之寶

石渠寶笈

三希堂精鑑璽

重華宮鑑藏寶

寶笈重編

乾隆鑑賞

宜子孫

正月十六
乙巳年

GUARDIAN ART CALENDAR 2025

二月
February

13

THURSDAY 星期四

張照（1691—1745 年）

臨董其昌書雜詩（印鑒）

手卷 紙本水墨 7.5×113 厘米

飛潛眷各樂生生汀草雙
棲具逸情波面鯉魚風欲
起潛紋寫照灩光晶

辛丑長至月中澣仍仿
孟頫此圖即用丁酉題
圖韻成什書之幀首並
附前作於左

漚寰興來仍寫生全從
隸法表神情文鴛樂意
相關要隱寓其居是水
晶 御筆

乙巳年 正月十七

情人節

GUARDIAN ART CALENDAR 2025

二月 February

14

FRIDAY 星期五

乾隆帝 (1711—1799年)

仿趙孟頫汀草文鴛圖

立軸 紙本水墨 1781年作 71×36厘米

中國嘉德2015年春季拍賣會
成交價 RMB 12,420,000

傳趙孟頫的《汀草文鴛圖》為清宮舊藏，至今仍保存於台北故宮博物院。此軸為乾隆仿趙孟頫佳作，寫鴛鴦一雙休憩於水邊沙際，其旁水草豐茂，水平無邊。通幅以淡墨濕筆寫出，惟雄鴛略以濃墨點睛羽，筆墨雖拙嫩，然墨韻淳厚。乾隆帝在67歲時為之題詠，又於五年後臨摹，可見其珍愛之甚。此軸著錄於《石渠寶笈續編》，其上詩題收錄於《御製詩文集》。

董其昌 (1555—1636 年)

仿黃公望富春大嶺圖

手卷 紙本設色 1627 年作 28.5×297 厘米

中國嘉德 2012 年秋季拍賣會

成交價 RMB 62,675,000

乙巳年 正月十八

二月 February

15

SATURDAY 星期六

此卷是董其昌晚年畫風典型之作，為研究其畫風及黃公望《富春山居圖》的流傳與影響提供了資料。兩作除少量構景略相似外，其山容樹貌盡出己意。或受沈周影響，或設色參用黃公望《天池石壁圖》等作品的敷彩之法，畫面明麗嫵媚卻文秀典雅。本卷為清宮舊藏，著錄於《石渠寶笈三編》，晚清時散入民間，輾轉於王孝禹、顏世清、周叔廉、吳普心之手。

董其昌 (1555—1636 年)

仿黃公望富春大嶺圖 (局部)

手卷 紙本設色 1627 年作 28.5×297 厘米

正月十九
乙巳年

二月
February

16

SUNDAY

星期日

（傳）**黃公望**（1269—1354 年）

溪山雨意圖

手卷　紙本水墨　28.5×102 厘米

中國嘉德 2011 年秋季拍賣會
未成交

二月

February

17

MONDAY

星期一

黃公望《溪山雨意圖》傳世有四件：一件今在國家博物館，未經《石渠寶笈》著錄；一件今失所在；一件今在遼寧博物館；一件即本卷，著錄於《石渠寶笈初編．御書房卷六》。數卷畫法題款相似而蒼嫩有別，後三卷似為舊摹本，至少在乾隆朝前都已入宮。本卷有乾隆、嘉慶、宣統諸帝印璽，後有王國器、倪瓚、項元汴題跋。原為清宮舊藏，後流失民間，為張重威所得。

（傳）**黃公望**（1269—1354 年）

溪山雨意圖（局部）

手卷 紙本水墨 28.5 × 102 厘米

乙巳年
正月廿一

雨水

GUARDIAN ART CALENDAR 2025

二月
February

18

TUESDAY
星期二

錢維城（1720—1772 年）

台山瑞景

手卷　紙本設色　33.7 × 458 厘米

中國嘉德 2023 年春季拍賣會
未成交

乙巳年
正月廿二

二月
February

19

WEDNESDAY 星期三

此卷分段繪製浙江天台山十景進呈乾隆帝，畫面鬱鬱蒼蒼，構圖繁密，設色淺絳，頗具文人氣息。天台山為有名的“佛宗道源”，所繪皆為“瑞景”，故極得乾隆帝青眼，遂逐段御題，題詩著錄於《御製詩四集》。此卷經《石渠寶笈續篇》著錄，後被溥儀轉移出宮，1949年後入“社管局”（即今國家文物局）留存，被楊仁愷等專家寓目、記錄。

正月廿三
乙巳年

二月
February

20

THURSDAY 星期四

錢維城（1720—1772 年）

台山瑞景（局部）

手卷 紙本設色 33.7 × 458 厘米

錢維城（1720—1772 年）

台山瑞景（局部）

手卷　紙本設色　33.7×458 厘米

正月廿四
乙巳年

二月
February

21

FRIDAY

星期五

錢維城（1720—1772 年）

台山瑞景（局部）

手卷 紙本設色 33.7×458 厘米

正月廿五
乙巳年

二月
February

22

SATURDAY 星期六

正月廿六
乙巳年

GUARDIAN ART CALENDAR 2025

二月
February

23

SUNDAY
星期日

錢維城（1720—1772年）

台山瑞景（局部）

手卷　紙本設色　33.7×458厘米

錢維城（1720—1772 年）

台山瑞景（局部）

手卷 紙本設色 33.7×458 厘米

正月廿七
乙巳年

GUARDIAN ART CALENDAR **2025**

二月
February

24

MONDAY

星期一

錢維城（1720—1772 年）

台山瑞景（局部）

手卷 紙本設色 33.7 × 458 厘米

乙巳年

正月廿八

GUARDIAN ART CALENDAR 2025

二月

February

25

TUESDAY

星期二

錢維城（1720—1772 年）

台山瑞景（局部）

手卷 紙本設色 33.7 × 458 厘米

正月廿九
乙巳年

二月

February

26

WEDNESDAY 星期三

錢維城（1720—1772 年）

台山瑞景（局部）

手卷　紙本設色　33.7 × 458 厘米

正月三十
乙巳年

二月
February

27

THURSDAY 星期四

錢維城（1720—1772 年）

台山瑞景（局部）

手卷 紙本設色 33.7×458 厘米

乙巳年
二月初一

二月
February

28

FRIDAY
星期五

3
MARCH

周之冕（明）

百花圖卷

手卷 紙本設色 32 × 1717 厘米

中國嘉德 2021 年秋季拍賣會

成交價 RMB 148,350,000

乙巳年 二月初二

龍抬頭

GUARDIAN ART CALENDAR 2025

三月
March

1

SATURDAY 星期六

周之冕平生創作過不少類似的花卉卷，但就尺幅而論，此卷堪稱周之冕所作花卉卷最長、規模最為恢宏者。全卷描繪近70種折枝花卉，每種花卉所表現的情態、顏色和韻味各有不同。各花卉布局疏朗，賦色鮮艷，淋漓盡致地表現出鮮花盛開時生機盎然、鮮活誘人的神韻。本卷曾經張純修收藏，後入藏清宮，著錄於《石渠寶笈初編》，列為上等。

周之冕（明）

百花圖卷（局部）

手卷 紙本設色 32×1717 厘米

二月初三
乙巳年

三月
March

2

SUNDAY
星期日

二月初四
乙巳年

三月
March

3

MONDAY
星期一

周之冕（明）
百花圖卷（局部）
手卷 紙本設色 32×1717 厘米

周之冕（明）

百花圖卷（局部）

手卷 紙本設色 32 × 1717 厘米

乙巳年
二月初五

三月
March

4

TUESDAY 星期二

乙巳年
二月初六

驚蟄

三月
March

5

WEDNESDAY 星期三

周之冕（明）
百花圖卷（局部）
手卷 紙本設色 32×1717 厘米

周之冕（明）

百花圖卷（局部）

手卷 紙本設色 32×1717 厘米

二月初七
乙巳年

三月
March

6

THURSDAY 星期四

周之冕（明）

百花圖卷（局部）

手卷　紙本設色　32×1717 厘米

乙巳年
二月初八

三月
March

7

FRIDAY
星期五

周之冕（明）

百花圖卷（局部）

手卷 紙本設色 32×1717 厘米

8

三月

March

SATURDAY

星期六

婦女節

二月初九

乙巳年

周之冕（明）

百花圖卷（局部）

手卷　紙本設色　32×1717 厘米

乙巳年
二月初十

三月

March

9

SUNDAY

星期日

周之冕（明）

百花圖卷（局部）

手卷 紙本設色 32×1717 厘米

乙巳年

二月十一

三月

March

10

MONDAY

星期一

張宗蒼（1686—1756 年）

雲棲山寺

手卷 紙本設色 46×231 厘米

中國嘉德 2012 年秋季拍賣會

成交價 RMB 39,675,000

乙巳年 二月十二

三月 March

11

TUESDAY 星期二

乾隆帝南巡時，多次遊雲棲寺並吟詩記之，又二次命宮廷畫家張宗蒼依詩作圖。此卷繪乾隆帝《雲棲寺六韻》詩意，重山密林，幽徑屈曲通向修竹環抱的雲棲古寺，境界幽深。卷末有乾隆御題一首，其時張宗蒼已去世20餘年，乾隆以詩表示了對其的懷念與極高評價。此卷入《石渠寶笈續編》，原為裝飾皇宮內室的“貼落”，後因乾隆帝珍重護持而揭下重裱。

張宗蒼（1686—1756 年）

雲棲山寺（局部）

手卷 紙本設色 46 × 231 厘米

乙巳年
二月十三

植樹節

三月
March

12

WEDNESDAY 星期三

乙巳年
二月十四

三月
March

13

THURSDAY 星期四

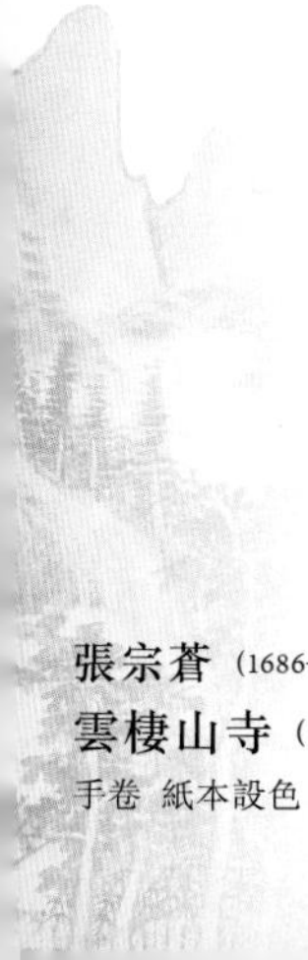

張宗蒼（1686—1756年）
雲棲山寺（局部）
手卷 紙本設色 46×231厘米

張宗蒼（1686—1756年）

雲棲山寺（局部）

手卷 紙本設色 46×231厘米

二月十五
乙巳年

三月
March

14

FRIDAY

星期五

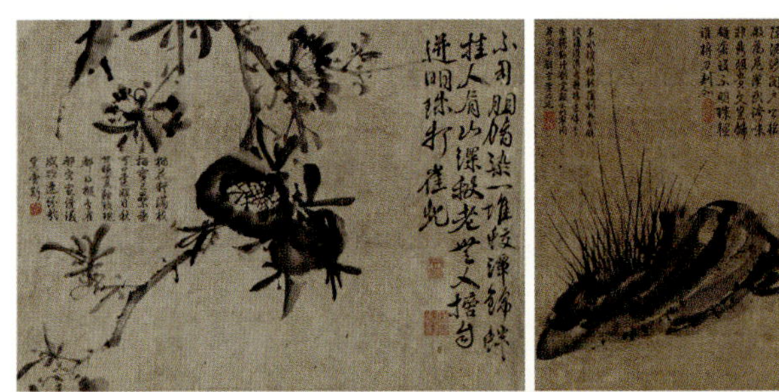

徐渭（1521—1593 年）

寫生卷

手卷　紙本水墨　29 × 38.8 厘米；29 × 39.4 厘米；29 × 31 厘米；29 × 40.3 厘米；29 × 119.2 厘米

中國嘉德 2017 年秋季拍賣會
成交價 RMB 127,075,000

二月十六
乙巳年

三月
March

15

SATURDAY 星期六

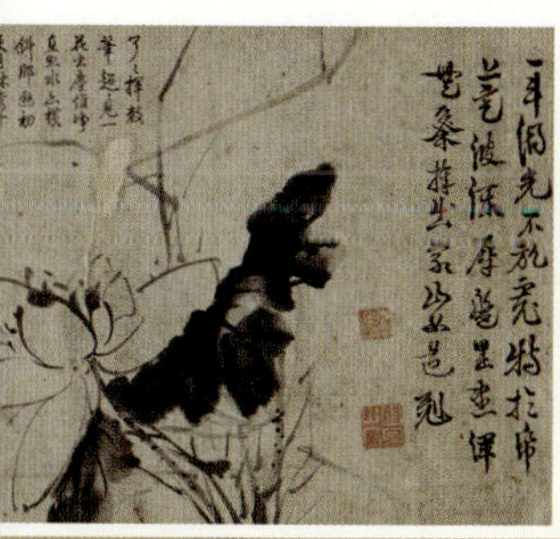

《石渠寶笈》著錄徐渭作品有12件，散失於外者目前僅見此卷。全卷共五段，前四段用紙極生，用筆如掃，筆簡意賅，磊落有精神躍出。末段紙較熟，用筆稍緩，墨色沉着，月季的濃淡變化，蕉石的勾染對比，得心應手。畫幅每段都有徐渭行書自題詩，詩畫兩相映發。又有乾隆帝御題詩，不吝對徐渭的賞識。此卷著錄於《石渠寶笈續編》，後被溥儀攜往東北。

乙巳年 二月十七

GUARDIAN ART CALENDAR 2025

三月
March

16

SUNDAY 星期日

徐渭（1521—1593 年）

寫生卷（包袱）

手卷 紙本水墨 29×38.8 厘米；29×39.4 厘米；29×31 厘米；29×40.3 厘米；29×119.2 厘米

洮硯一星貴文岩館
雕奢設示明珠韞
誰將刀剖加

春水淙淙綠新蒲刺水青簇
波漾渡漾處處簇根逐傍李
密鶴勤讀劉寬額示刑寧同
壽閒草嶰窩黃明廷

乙巳年

二月十八

三月

March

17

MONDAY

星期一

徐渭（1521—1593 年）

寫生卷（局部）

手卷　紙本水墨　29 × 38.8 厘米；29 × 39.4 厘米；29 × 31 厘米；29 × 40.3 厘米；29 × 119.2 厘米

二月十九
乙巳年

三月
March

18

TUESDAY 星期二

徐渭（1521—1593 年）

寫生卷（局部）

手卷 紙本水墨 29 × 38.8 厘米；29 × 39.4 厘米；29 × 31 厘米；
29 × 40.3 厘米；29 × 119.2 厘米

徐渭（1521—1593 年）

寫生卷（局部）

手卷 紙本水墨 29×38.8 厘米；29×39.4 厘米；29×31 厘米；29×40.3 厘米；29×119.2 厘米

二月二十
乙巳年

GUARDIAN ART CALENDAR 2025

三月
March

19

WEDNESDAY 星期三

黃鉞（1750—1841 年）

鷺嶺敷春圖（長城嶺春晴攬勝圖）

手卷 紙本設色 1811 年作 32.3 × 177.6 厘米

中國嘉德 2003 年春季拍賣會

成交價 RMB 1,320,000

二月廿一
乙巳年

春分

三月
March

20

THURSDAY 星期四

黃鉞工詩文書畫，山水得蕭雲從遺意，晚年學王原祁，筆更蒼厚。畫與董邦達齊名，時稱“董黃”。此卷所繪“長城嶺”是清代河北正定府附近明長城遺址的景色，黃鉞用平遠手法描繪了其山巒的綿延不絕之勢，山間翠色瑩潤，水波不興，偶然又見古剎旁山花爛漫，一派春日的明淨祥和氣象。本卷經《石渠寶笈三編》著錄，並得嘉慶帝題跋。

黃鉞（1750—1841 年）

鶯嶺敷春圖（長城嶺春晴攬勝圖）（局部）

手卷　紙本設色　1811 年作　32.3 × 177.6 厘米

乙巳年
二月廿二

三月
March

21

FRIDAY

星期五

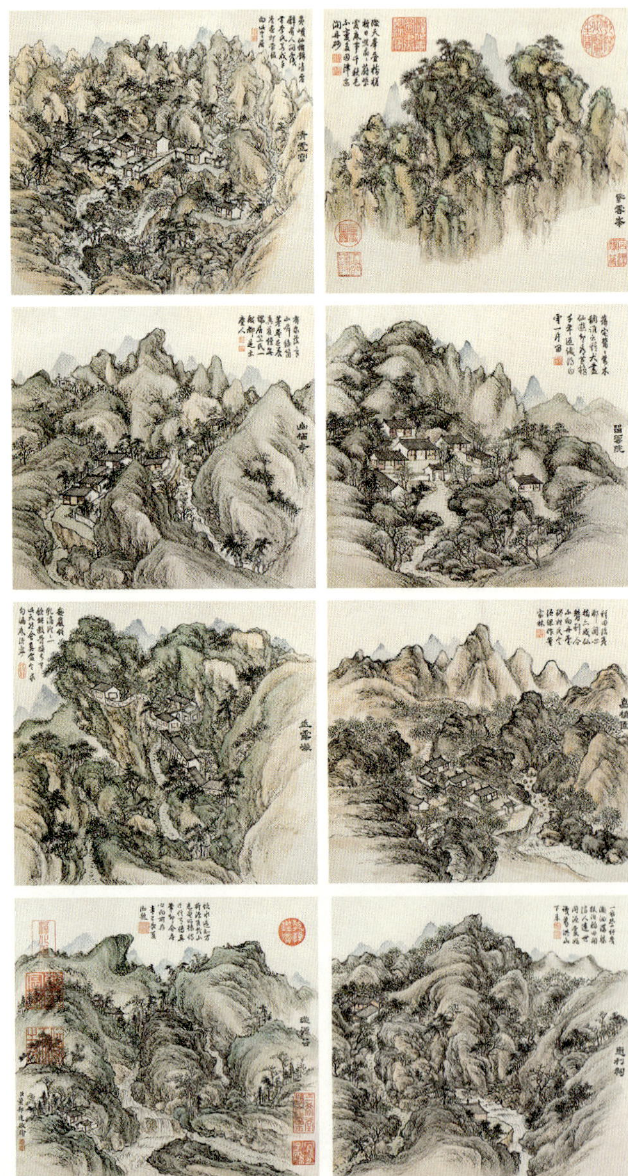

乙巳年 二月廿三

三月 March

22

SATURDAY 星期六

董邦達 (1696—1769年)

葛洪山八景 (八開)

冊頁 紙本設色 28.5×30.5 厘米 ×8

中國嘉德 2013 年秋季拍賣會

成交價 RMB 50,600,000

董邦達傳世作品多為水墨，而此冊以設色繪葛洪山八景。畫中幽棲寺之險峻，紫雲峰之峭拔，嘉植園之幽深，垂露岩之巍峨，極意構思，筆筆精細，設色淡雅飄渺，畫出了乾隆對葛洪山的嚮往。此冊經《石渠寶笈續編》著錄，每頁都有乾隆帝御題詩，民國初曾以珂羅版印行，並見諸於《南畫大成》。

乙巳年
二月廿四

三月
March

23

SUNDAY

星期日

董邦達（1696—1769 年）

葛洪山八景（八開 · 局部）

冊頁 紙本設色 28.5 × 30.5 厘米 × 8

乙巳年
二月廿五

三月
March

24

MONDAY
星期一

董邦達（1696—1769年）
葛洪山八景（八開 · 局部）
冊頁 紙本設色 28.5×30.5 厘米 ×8

董邦達（1696—1769 年）

葛洪山八景（八開・局部）

冊頁 紙本設色 28.5×30.5 厘米 ×8

三月

March

25

TUESDAY 星期二

二月廿六

乙巳年

董邦達 (1696—1769 年)

葛洪山八景 (八開 · 局部)

冊頁 紙本設色 28.5×30.5 厘米 ×8

二月廿七
乙巳年

三月

March

26

WEDNESDAY 星期三

董邦達（1696—1769年）

葛洪山八景（八開・局部）

冊頁 紙本設色 28.5×30.5厘米 ×8

乙巳年二月廿八

三月

March

27

THURSDAY 星期四

董邦達（1696—1769 年）

葛洪山八景（八開 · 局部）

冊頁 紙本設色 28.5 × 30.5 厘米 × 8

二月廿九
乙巳年

三月
March

28

FRIDAY

星期五

董邦達（1696—1769 年）

葛洪山八景（八開 · 局部）

冊頁 紙本設色 28.5×30.5 厘米 ×8

三月初一
乙巳年

三月
March

29

SATURDAY 星期六

乙巳年 三月初二

三月
March

30

SUNDAY 星期日

李士達（明）

花村春慶圖

立軸 絹本設色 127.8 × 86.8 厘米

中國嘉德 2011 年春季拍賣會
未成交

此軸寫臨水山莊之內，一長者端坐高堂，子孫聚拜，鄰里並集，拱手作祝賀狀。莊外群騎嘶鳴，小艇泊岸，遠客紛至，氣氛祥和歡快。圖上無款印，但人物面相都作球形，行止好痴傻狀，皆明人李士達特殊畫法，因此徐邦達、劉九庵鑒定為李士達所作。本軸曾經高士奇收藏，後入《石渠寶笈續編》，並經乾隆帝御題詩一首，詩堂有徐邦達、劉九庵品題。

三月初三
乙巳年

GUARDIAN ART CALENDAR 2025

三月
March

31

MONDAY
星期一

李士達（明）

花村春慶圖（局部）

立軸 絹本設色 127.8×86.8 厘米

4
APRIL

宋高宗 (1107—1187 年)

真草二體書嵇康《養生論》

手卷 紙本水墨 25.1×603.6 厘米

中國嘉德 2000 年秋季拍賣會

成交價 RMB 9,900,000

三月初四
乙巳年

四月
April

1

TUESDAY 星期二

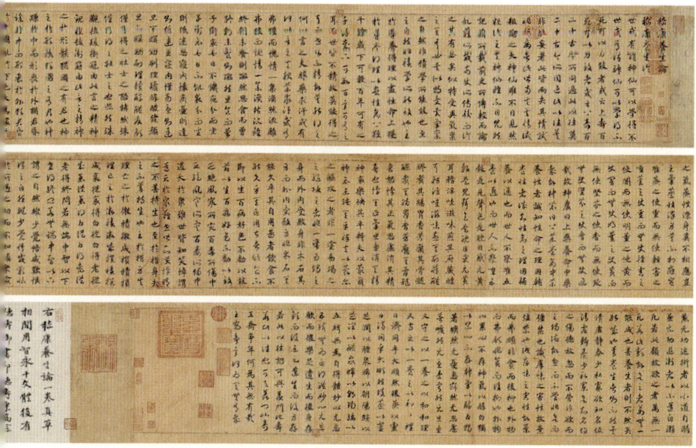

宋高宗書法作品今存世很少，此卷長達六米有餘，正文總計2,472字，用真草兩體所書。書法風格有魏晉“二王”遺風，用筆豐腴圓潤不失清逸之氣，溫柔妍婉又具清和流宕之像。本卷曾入宋元內府，明代被楊一清、姚弘誼收藏，清初歸梁清標，後入清內府，著錄於《石渠寶笈初編》，後溥儀北上攜之隨行，是流傳有緒的高宗書法珍品。今入藏上海博物館。

嵇康養生論

嵇康養生論

世或有謂神仙可以學得不

世或有謂神仙可以學得不

死可以力致者或云上壽百

死可以力致者或云上壽百

乙巳年 三月初五

GUARDIAN ART CALENDAR 2025

四月
April

2

WEDNESDAY 星期三

宋高宗 (1107—1187 年)

真草二體書嵇康《養生論》(局部)

手卷 紙本水墨 25.1 × 603.6 厘米

於導養得理以盡性命上獲
千餘歲下可數百年可有之
千餘歲下可數百年可有之
耳而世皆不精故莫能得之
耳而世皆不精故莫能得之
何以言之夫服藥求汗或有
何以言之夫服藥求汗或有
弗獲而愧情一集渙然流離
弗獲而愧情一集渙然流離
終朝未餐則囂然思食而曾
終朝未餐則囂然思食而曾
子銜哀七日不饑夜分而坐
子銜哀七日不飢夜分而坐
則低迷思寢內懷殷憂則達
則低迷思寢內懷殷憂則達
旦不瞑勁刷理鬢醇醴發顏
旦不瞑勁刷理鬢醇醴發顏
僅乃得之壯士之怒赫然殊

三月初六
乙巳年

寒食節

四月
April

3

THURSDAY 星期四

宋高宗 (1107—1187 年)

真草二體書嵇康《養生論》(局部)

手卷 紙本水墨 25.1 × 603.6 厘米

亦識一溉之益而望嘉穀於
旱苗者也是以君子知形恃
旱苗者也是以君子知形恃
神以立神須形以存悟生理
神以立神須形以存悟生理
之易失知一過之害生故脩
之易失知一過之害生故脩
性以保神安心以全身愛憎
性以保神安心以全身愛憎
不棲於情憂喜不留於意泊
不棲於情憂喜不留於意泊
然無感而體氣和平又呼吸
然無感而體氣和平又呼吸
吐納服食養身使形神相親
吐納服食養身使形神相親
表裏俱濟也夫田種者一畝
表裏俱濟也夫田種者一畝
十一斛謂之良田此天下之

乙巳年
三月初七

*清明節

四月
April

4

FRIDAY
星期五

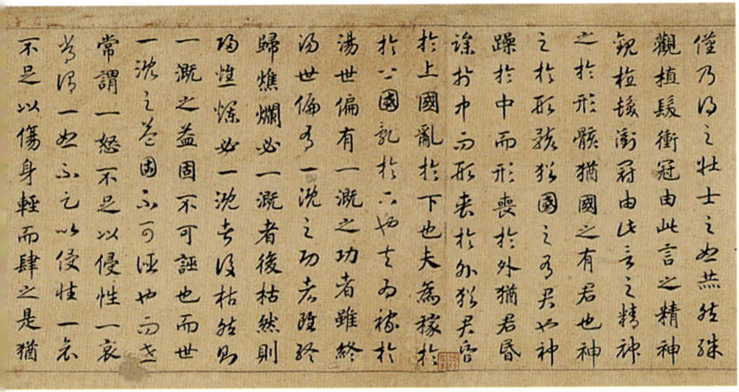

宋高宗（1107—1187 年）
真草二體書嵇康《養生論》（局部）
手卷　紙本水墨　25.1×603.6 厘米

之氣蒸性滌身莫不相應豈
之華埜性深為茎不和應豈
雅蒸之使重而無使輕害之
惟薰之使重而無使輕害之
使闇而無使明薰之使黃而
使暑而無使凍薰之使黃而
無使堅芬之使香而無使延
無使堅芬之使香而無使遠
哉故神農曰上藥養命中藥
養故神茶曰上茶為中茶
養性者識知性命之理因輔
茶性者淡古性為之理因輔
養以通也而世人不察唯五
茶以通也而世人不察唯五
穀是見聲色是耽目惑元黃
穀是見聲色是耽目惑元黃
耳務淫哇滋味煎其府藏醴
耳務淫哇滋味盡其府藏醴

三月初八
乙巳年

四月
April

5

SATURDAY 星期六

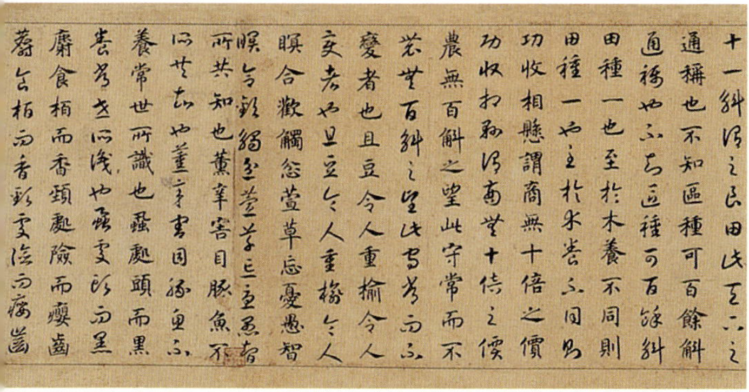

宋高宗 (1107—1187 年)

真草二體書嵇康《養生論》(局部)

手卷 紙本水墨 25.1×603.6 厘米

理亡之於微積微成損積損
理亡之於微積微成損積損
成衰從衰得白從白得老從
成衰從衰得白從白得老從
老得終悶若無端中智以下
老得終悶若無端中智以下
謂之自然縱少覺悟咸歎恨
謂之自然縱少覺悟咸歎恨
於所遇之初而不知慎衆險
於所遇之初而不知慎衆險
於未兆是猶桓侯抱將死之
於未兆是猶桓侯抱將死之
疾而怒扁鵲之先見以覺痛
疾而怒扁鵲之先見以覺痛
之日而為受病之始也害成
之日而為受病之始也害成
於微而救之於著故有無功
於微而救之於著故有無功
之理馳騁常人之域故有一

三月初九

乙巳年

四月

April

6

SUNDAY

星期日

宋高宗 (1107—1187 年)

真草二體書嵇康《養生論》(局部)

手卷 紙本水墨 25.1×603.6 厘米

忍欲割棄榮願而嗜好常在
耳目之前所希在數十年之
耳目之前所希在數十年之
後又恐兩失內懷猶豫心戰
後又恐兩失內懷猶豫心戰
於內物誘於外交賒相傾如
於內物誘於外交賒相傾如
此復敗者夫至物微妙可以
此復敗者夫至物微妙可以
理知難以目識譬猶豫章生
理知難以目識譬猶豫章生
七年然後可覺耳今以躁競
七年然後可覺耳今以躁競
之心涉希靜之塗意速而事
之心涉希靜之塗意速而事
遲望近而應遠故莫能相終
遲望近而應遠故莫能相終
夫悠悠者既未效不求而求
夫悠悠者既未效不求而求

三月初十
乙巳年

四月
April

7

MONDAY
星期一

宋高宗（1107—1187 年）

真草二體書嵇康《養生論》（局部）

手卷　紙本水墨　25.1 × 603.6 厘米

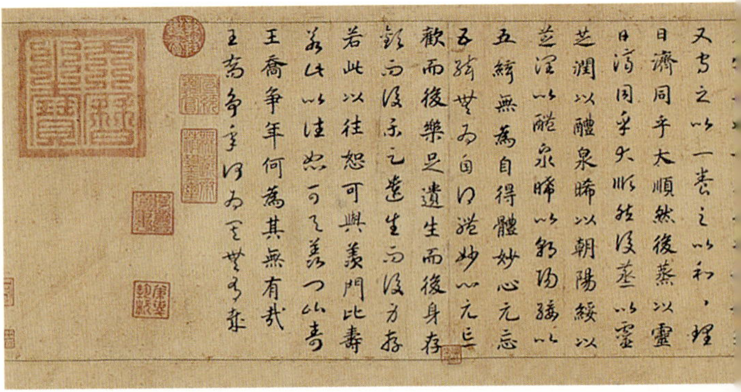
又守之以一養之以和、理
日濟同乎大順然後蒸以靈
日濟同乎大順然後蒸以靈
芝潤以醴泉晞以朝陽綏以
芝潤以醴泉晞以朝陽綏以
五絃無為自得體妙心玄忘
五絃無為自得體妙心玄忘
歡而後樂足遺生而後身存
歡而後樂足遺生而後身存
若此以往恕可與羨門比壽
若此以往庶可與羨門比壽
王喬爭年何為其無有哉
王喬爭年何為其無有哉

三月十一
乙巳年

四月
April

8

TUESDAY 星期二

宋高宗 (1107—1187 年)

真草二體書嵇康《養生論》(局部)

手卷 紙本水墨 25.1×603.6 厘米

[illegible]筆特言其[illegible]

而楷墨精密乃如此豈真有

得于養生之說歟史稱其

博學強記繼體守文而撥

亂反正復讎雪恥為未足觀

于是書者其亦有所感矣吾

友楊直亭都憲得此而藏之

微題其後正德三年六月

十二日長沙李東陽書

三月十二
乙巳年

四月
April

9

WEDNESDAY 星期三

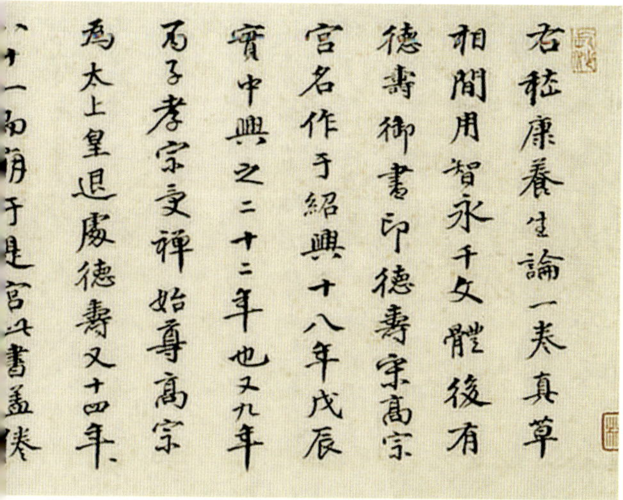

宋高宗（1107—1187 年）

真草二體書嵇康《養生論》（局部）

手卷 紙本水墨 25.1×603.6 厘米

持論而身不能免也其微之奧

旨若遺丹丹在藏數百年千

尚能起痛離凡中所謂一怒

足以侵性一哀足以傷身思

陵深戒之故德壽三十年不

減玉清上真而五國之游魂

不返矣單豹食外鼓鞞為

夭其思陵與中散之謂耶

萬曆紀元秋七月晦吳郡

王世貞書於武昌南樓

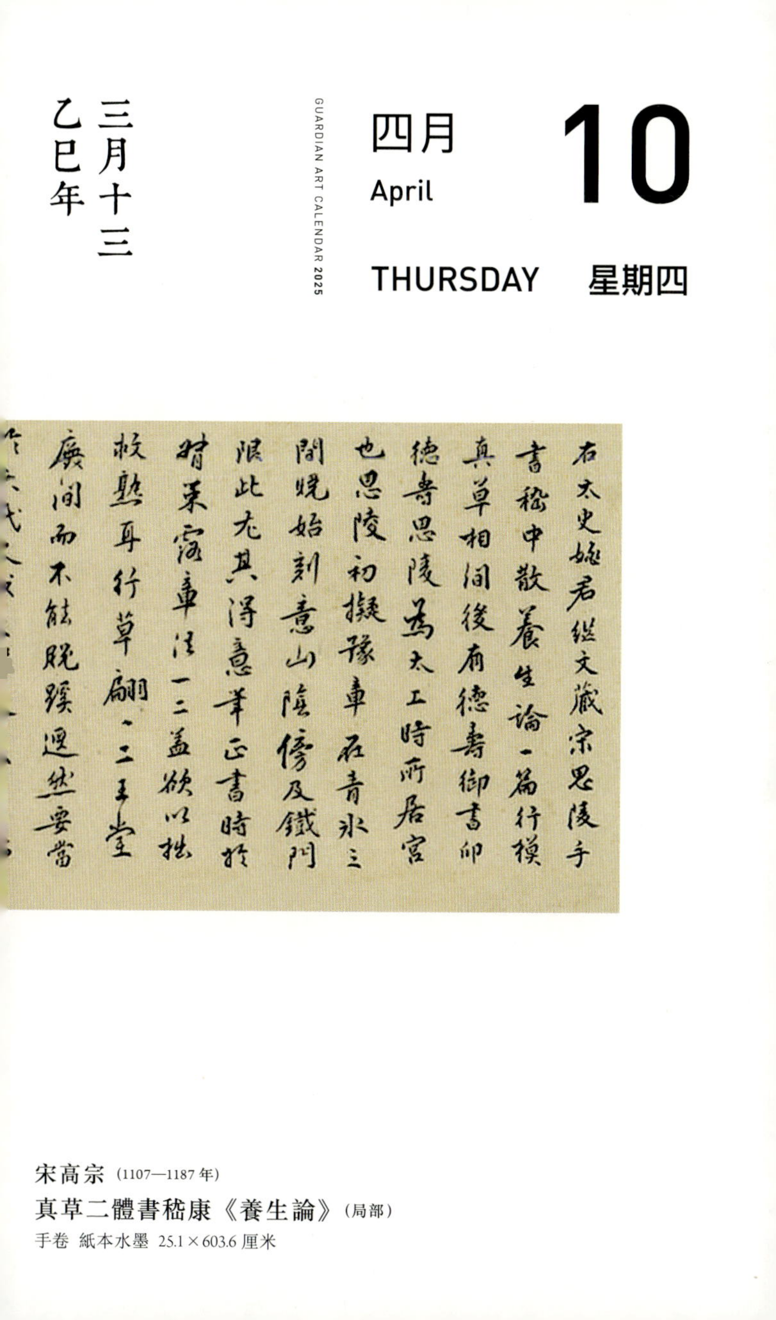

三月十三
乙巳年

四月
April

10

THURSDAY 星期四

宋高宗 (1107—1187 年)

真草二體書嵇康《養生論》(局部)

手卷 紙本水墨 25.1×603.6 厘米

丁觀鵬（清）

伯牙撫琴圖

手卷　紙本設色　23 × 43.5 厘米

中國嘉德 2003 年春季拍賣會

成交價 RMB 858,000

三月十四
乙巳年

四月
April

11

FRIDAY

星期五

《警世通言》中“俞伯牙摔琴謝知音”的故事，對其後文學藝術創作產生了重要影響。此卷取材於“高山流水”之典故，描繪俞伯牙在舟中撫琴的場景。鍾子期坐在不遠處的高崖之上，已然隨琴音遁入高山流水之境。尺寸雖小，然人物亭台、山水草木無一不精，設色清雅可觀。畫面左上方有乾隆御題“高山流水”四字。此卷經《石渠寶笈三編》著錄。

丁觀鵬（清）

伯牙撫琴圖（局部）

手卷 紙本設色 23×43.5 厘米

乙巳年 三月十五

四月

April

12

SATURDAY 星期六

三月十六
乙巳年

四月
April

13

SUNDAY 星期日

丁觀鵬（清）
伯牙撫琴圖（局部）
手卷 紙本設色 23×43.5 厘米

三月十七
乙巳年

四月
April

14

MONDAY 星期一

金廷標 (清)

聽泉圖

立軸　紙本設色　112.7 × 148.3 厘米

中國嘉德 2010 年春季拍賣會
成交價 RMB 45,136,000

中國嘉德 2015 年春季拍賣會
成交價 RMB 36,800,000

此軸是金廷標入宮不久後的進呈之作。圖上繪一高士坐松間石上，側耳靜聽松聲泉韻。他雙手扶膝，雙目斜眄童子，左手以一指指澗水。神情生動，閑適之趣令人羨慕。人物綫描跌宕頓挫，有明人吳偉、張平山遺意而去其獷，山石用折中斧劈與刮鐵皴，在粗放中有沉靜之感。本軸曾經《石笈寶笈三編》及《國朝院畫錄》著錄。

三月十八
乙巳年

四月
April

15

TUESDAY 星期二

蔣廷錫（1669—1732年）

仿宋人設色圖冊（十二開）

冊頁 絹本設色 29.8×24.5厘米 ×12

中國嘉德2012年春季拍賣會
成交價 RMB 25,300,000

蔣廷錫沒骨法自成一家。此冊以沒骨法作寫生花卉12種，冊中動植物形象準確生動，用筆秀謹，設色艷麗，而自趣淡冶。蔣廷錫還作一套《仿宋人勾染圖冊》十二開（見10月11日—10月22日），二冊仿宋人筆意，尺寸相同，命意相似，皆著錄於《石渠寶笈初編》，當是同時創作並一同進呈的作品。二冊皆藏於紫禁城中御書房，後經定郡王載銓、收藏家吳普心收藏。

蔣廷錫（1669—1732 年）

仿宋人設色圖冊（十二開 · 局部）

冊頁 絹本設色 29.8×24.5 厘米 ×12

乙巳年

三月十九

四月

April

16

WEDNESDAY 星期三

三月二十
乙巳年

GUARDIAN ART CALENDAR 2025

四月
April

17

THURSDAY 星期四

蔣廷錫（1669—1732 年）

仿宋人設色圖冊（十二開・局部）

冊頁 絹本設色 29.8×24.5 厘米 ×12

乙巳年
三月廿一

*耶酥受難節

GUARDIAN ART CALENDAR 2025

四月

April

FRIDAY

18

星期五

蔣廷錫（1669—1732 年）

仿宋人設色圖冊（十二開・局部）

冊頁　絹本設色　29.8 × 24.5 厘米　× 12

蔣廷錫（1669—1732 年）

仿宋人設色圖冊（十二開 · 局部）

冊頁 絹本設色 29.8 × 24.5 厘米 × 12

19

四月

April

SATURDAY 星期六

*耶穌受難節翌日

乙巳年

三月廿二

GUARDIAN ART CALENDAR 2025

乙巳年
三月廿三

穀雨
*復活節

GUARDIAN ART CALENDAR 2025

四月
April

20

SUNDAY
星期日

蔣廷錫（1669—1732 年）

仿宋人設色圖冊（十二開・局部）

冊頁 絹本設色 29.8×24.5 厘米 ×12

21

四月
April

MONDAY 星期一

*復活節星期一

三月廿四
乙巳年

蔣廷錫 (1669—1732年)

仿宋人設色圖冊 (十二開 · 局部)

冊頁 絹本設色 29.8×24.5厘米 ×12

三月廿五

乙巳年

世界地球日

四月

April

22

TUESDAY

星期二

蔣廷錫（1669—1732年）

仿宋人設色圖冊（十二開 · 局部）

冊頁 絹本設色 29.8×24.5 厘米 ×12

蔣廷錫 (1669—1732 年)

仿宋人設色圖冊 (十二開 · 局部)

冊頁 絹本設色 29.8×24.5 厘米 ×12

乙巳年 三月廿六

四月

April

23

WEDNESDAY 星期三

三月廿七
乙巳年

四月
April

24

THURSDAY 星期四

蔣廷錫（1669—1732年）

仿宋人設色圖冊（十二開・局部）

冊頁 絹本設色 29.8×24.5厘米 ×12

三月廿八
乙巳年

四月
April

25

FRIDAY 星期五

蔣廷錫（1669—1732 年）

仿宋人設色圖冊（十二開 · 局部）

冊頁 絹本設色 29.8×24.5 厘米 ×12

蔣廷錫（1669—1732 年）

仿宋人設色圖冊（十二開 · 局部）

冊頁 絹本設色 29.8 × 24.5 厘米 × 12

三月廿九
乙巳年

GUARDIAN ART CALENDAR 2025

四月

April

26

SATURDAY 星期六

沈煥（清）

皇清職貢圖（局部）

手卷　紙本設色　33 × 1334 厘米

中國嘉德 1995 年春季拍賣會
成交價 RMB 2,860,000

三月三十
乙巳年

四月
April

27

SUNDAY
星期日

《職貢圖》是中國古代王朝用於展示與少數民族或毗鄰國家之間交往關係的圖畫。此卷以蓮蝠紋緙絲作包首，上書“職貢圖第二卷”字樣。董誥書引首，後有金德瑛、董邦達、裘日修等人和詩。畫中工筆彩繪關東、福建、台灣、湖南、廣東、貴州、廣西各省少數民族生活、生產形象，共有男女人物128名，各配有滿漢文字說明。本卷經《石渠寶笈三編》著錄。

沈煥（清）

皇清職貢圖（局部）

手卷　紙本設色　33×1334 厘米

乙巳年
四月初一

四月

April

28

MONDAY

星期一

乙巳年 四月初二

GUARDIAN ART CALENDAR 2025

四月

April

29

TUESDAY 星期二

沈煥（清）

皇清職貢圖（局部）

手卷 紙本設色 33×1334 厘米

沈煥（清）

皇清職貢圖（局部）

手卷 紙本設色 33×1334 厘米

乙巳年

四月初三

四月

April

30

WEDNESDAY 星期三

5
MAY

滌研圖
叔明為
巙山作

乙巳年 四月初四

*勞動節

五月

May

1

THURSDAY 星期四

王蒙 (1308—1385年)

滌硯圖

立軸 紙本設色 65×34.41 厘米

中國嘉德 2023 年秋季拍賣會

成交價 RMB 287,500,000

清內府收藏歸於王蒙名下的作品為數眾多，但有跡可證被乾隆多次品賞題贊的卻僅有四件，此作為其一。全作樹木不下十數種，山水多至十餘重，滿紙煙靄微茫。畫幅之上載有乾隆帝藏印計15方，並有乾隆帝行書題詩，題詩前乾隆帝特命人於畫幅上方繪製金絲欄。本軸經徐弘澤、梁清標遞藏，後入清內府，著錄於《石渠寶笈續編》。

乙巳年

四月初五

GUARDIAN ART CALENDAR 2025

五月

May

2

FRIDAY

星期五

王蒙（1308—1385 年）

滌硯圖（局部）

立軸 紙本設色 65×34.41 厘米

王蒙（1308—1385年）

滌硯圖（局部）

立軸 紙本設色 65×34.41 厘米

乙巳年

四月初六

五月

May

3

SATURDAY 星期六

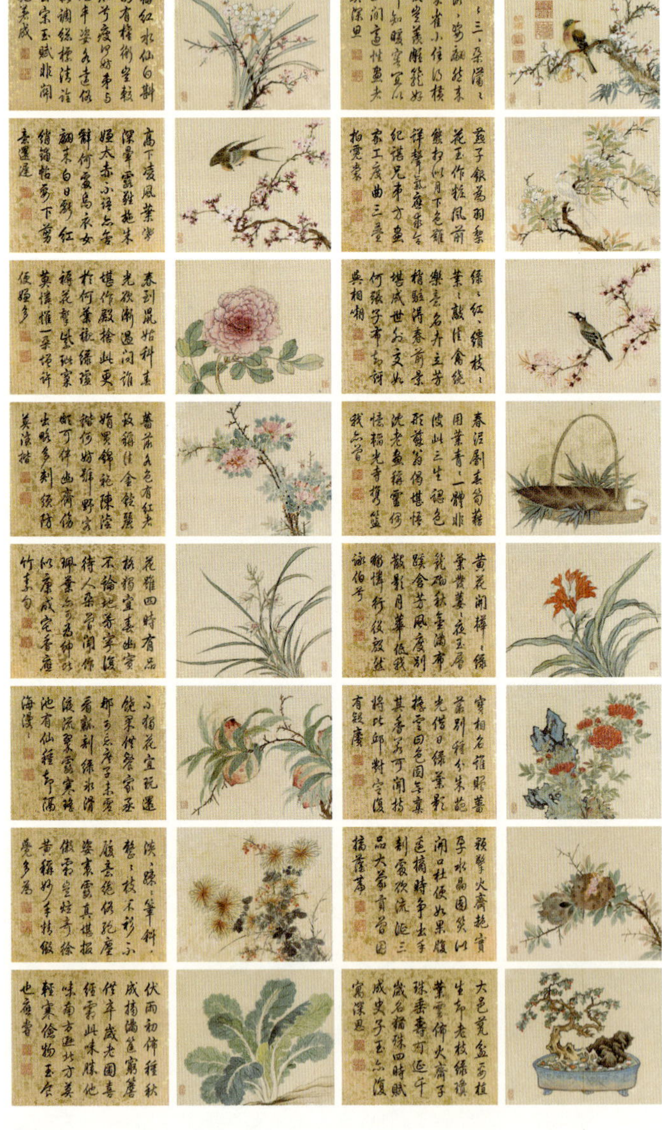

乙巳年 四月初七

青年節

GUARDIAN ART CALENDAR 2025

五月
May

4

SUNDAY 星期日

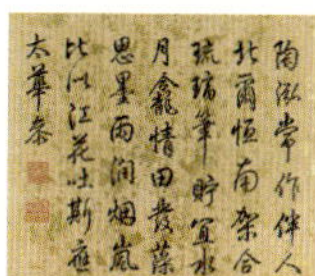

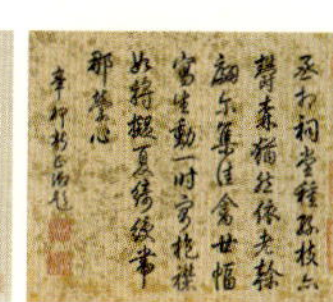

王穀祥 (1501—1568 年)

花卉並乾隆御題冊 (十八開)

冊頁 紙本設色 28×32 厘米 ×36

中國嘉德 2009 年秋季拍賣會
成交價 RMB 13,440,000

王穀祥善寫生，然很少作畫，因此傳世作品極少。據《石渠寶笈續編》著錄，此花鳥冊原應為二十三開，現存繪梅花寒雀、紅梅水仙、白燕梨花等折枝花鳥十八開，少枇杷、白蓮等五開。全冊渲染有法度，意致獨到，一枝一葉，亦有生色。畫幅每頁鈐“祿之”或“酉室”朱文印，尾“柏枝翠鳥”一頁款署“穀祥”，每頁對幅有乾隆御題詩一首。

乙巳年

四月初八

立夏

佛誕*

五月

May

5

MONDAY

星期一

王穀祥（1501—1568年）

花卉並乾隆御題冊（十八開 · 局部）

冊頁 紙本設色 28×32厘米 ×36

王穀祥（1501—1568 年）

花卉並乾隆御題冊（十八開 · 局部）

冊頁 紙本設色 28×32 厘米 ×36

四月初九

乙巳年

GUARDIAN ART CALENDAR 2025

五月

May

6

TUESDAY

星期二

四月初十
乙巳年

五月
May

7

WEDNESDAY 星期三

王穀祥（1501—1568 年）

花卉並乾隆御題冊（十八開 · 局部）

冊頁 紙本設色 28×32 厘米 ×36

王穀祥（1501—1568 年）

花卉並乾隆御題冊（十八開・局部）

冊頁 紙本設色 28×32 厘米 ×36

四月十一
乙巳年

五月
May

8

THURSDAY 星期四

王穀祥（1501—1568年）

花卉並乾隆御題冊（十八開・局部）

冊頁　紙本設色　28×32厘米　×36

四月十二
乙巳年

五月
May

9

FRIDAY

星期五

王穀祥 (1501—1568 年)

花卉並乾隆御題冊 (十八開 · 局部)

冊頁 紙本設色 28×32 厘米 ×36

四月十三
乙巳年

五月
May

10

SATURDAY 星期六

王穀祥（1501—1568 年）

花卉並乾隆御題冊（十八開 · 局部）

冊頁　紙本設色　28 × 32 厘米 × 36

乙巳年
四月十四

母親節

五月
May

11

SUNDAY
星期日

王穀祥（1501—1568 年）

花卉並乾隆御題冊（十八開 · 局部）

冊頁 紙本設色 28×32 厘米 ×36

乙巳年
四月十五

GUARDIAN ART CALENDAR 2025

五月
May

12

MONDAY
星期一

四月十六
乙巳年

五月
May

13

TUESDAY 星期二

王穀祥（1501—1568年）
花卉並乾隆御題冊（十八開 · 局部）
冊頁 紙本設色 28×32 厘米 ×36

王穀祥（1501—1568年）

花卉並乾隆御題冊（十八開 · 局部）

冊頁 紙本設色 28×32厘米 ×36

四月十七

乙巳年

五月

May

14

WEDNESDAY 星期三

王穀祥（1501—1568年）

花卉並乾隆御題冊（十八開 · 局部）

冊頁 紙本設色 28×32厘米 ×36

四月十八
乙巳年

五月
May

15

THURSDAY 星期四

王穀祥（1501—1568 年）

花卉並乾隆御題冊（十八開 · 局部）

冊頁 紙本設色 28×32 厘米 ×36

乙巳年

四月十九

五月

May

16

FRIDAY

星期五

乙巳年

四月二十

GUARDIAN ART CALENDAR 2025

五月

May

17

SATURDAY 星期六

王穀祥（1501—1568 年）

花卉並乾隆御題冊（十八開・局部）

冊頁 紙本設色 28×32 厘米 ×36

四月廿一
乙巳年

五月
May

18

SUNDAY

星期日

王穀祥（1501—1568年）

花卉並乾隆御題冊（十八開・局部）

冊頁 紙本設色 28×32厘米 ×36

梅花一謝入
江干分出
瀟湘五月
寒地以云
南無謫叟
長安走直
在毫端
句江城五月落梅花

四月廿二
乙巳年

五月
May

19

MONDAY 星期一

朱倫瀚 (1680—1760 年)

瀟湘煙靄圖

立軸 紙本設色 146.8×62.5 厘米

中國嘉德 2011 年春季拍賣會
成交價 RMB 20,700,000

此軸為“指畫”，即畫家以手指、手掌、指甲等部位代替毛筆作畫，是清代興起的一種繪畫表現形式，高其佩是代表人物。朱倫瀚乃高其佩之甥，得其法，亦精於指畫。本軸以三段式構圖描繪了一江兩岸的景色，設色雅致，技法嫻熟，山石樹木之皴法、點苔率性灑脱，帶有毛筆無法表現的粗獷之趣。本軸經《石渠寶笈初編》著錄，並有康熙帝御題。

朱倫瀚（1680—1760 年）

瀟湘煙靄圖（局部）

立軸 紙本設色 146.8×62.5 厘米

四月廿三
乙巳年

五月
May

20

TUESDAY 星期二

文徵明 (1470—1559 年)

行書《雜詠》

手卷 紙本水墨 25.6×258 厘米

中國嘉德 2006 年春季拍賣會

成交價 RMB 4,620,000

中國嘉德 2013 年秋季拍賣會

成交價 RMB 51,175,000

乙巳年 四月廿四

小滿

五月 May

21

WEDNESDAY 星期三

此卷錄文徵明自作詩十首，詩文用平緩的節奏，描述了自己悠閑愜意的文人生活。全卷書寫嚴謹，秀麗勁健，是其中晚年習見之書風。卷尾跋稱此卷乃興之所致，寄情於書，自然筆隨心運，胸無滯疑，精意彈出，是文徵明書法佳作。此卷清初之前，已被人什襲藏之，後入清內府，著錄於《石渠寶笈初編》，其上璽印纍纍，是其流傳的佐證。

文徵明（1470—1559 年）

行書《雜詠》（局部）

手卷 紙本水墨 25.6×258 厘米

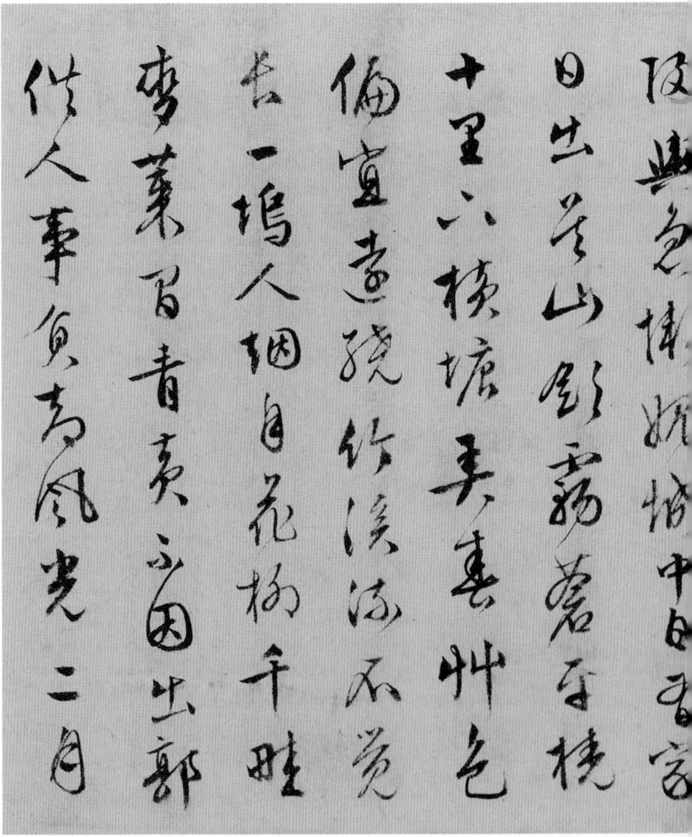

四月廿五
乙巳年

五月
May

22

THURSDAY 星期四

文徵明（1470—1559 年）

行書《雜詠》（局部）

手卷　紙本水墨　25.6×258 厘米

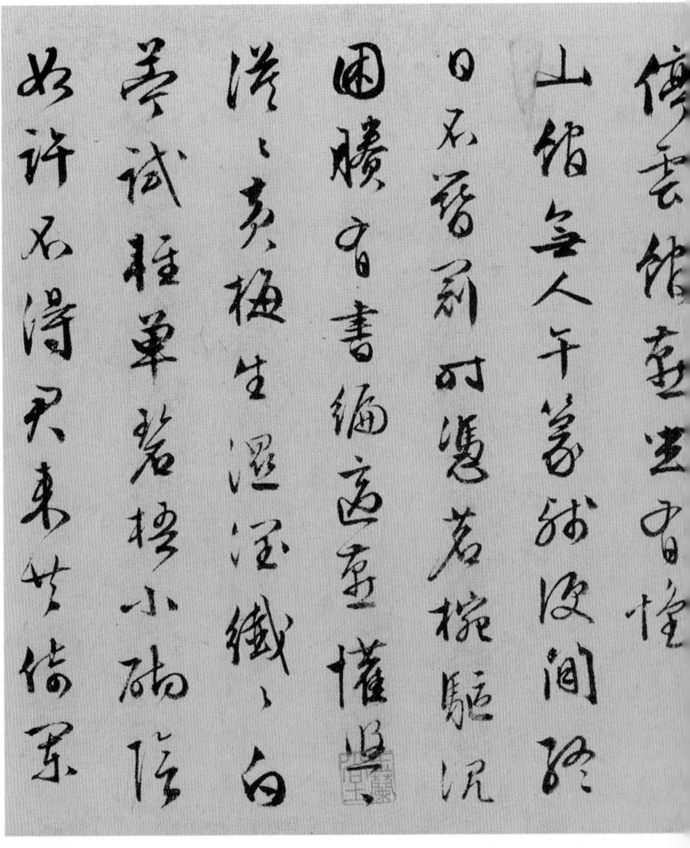

23

五月
May

FRIDAY
星期五

四月廿六
乙巳年

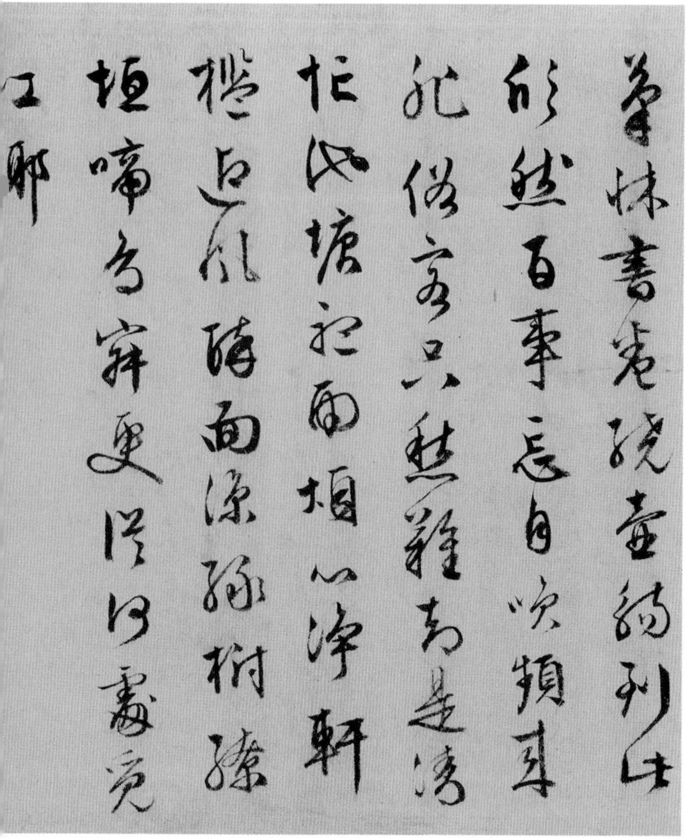

文徵明（1470—1559 年）

行書《雜詠》（局部）

手卷 紙本水墨 25.6×258 厘米

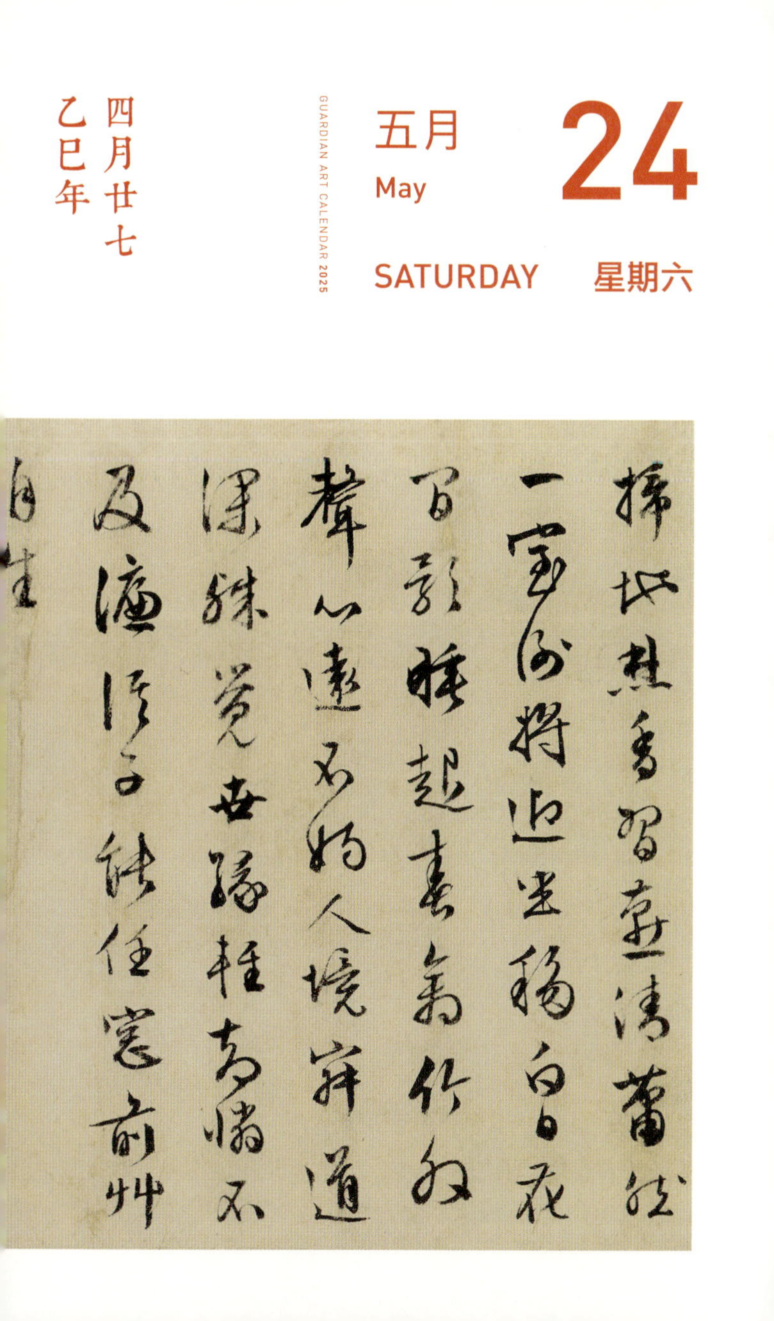

24

五月

May

SATURDAY

星期六

四月廿七

乙巳年

陸治 (1496—1576 年)

雲川圖

手卷 紙本設色 1551 年作 41.4 × 148 厘米

中國嘉德 1995 年秋季拍賣會

成交價 RMB 935,000

五月
May

25

SUNDAY 星期日

此卷是陸治為彭年所書《雲川記》補圖。《雲川記》借與遠遊歸來的友人姚世恩談論江湖，道出當時社會文人對回歸自然的理想化的追求。全卷繪崇山峻嶺，江水環繞，姚世恩泛舟徐行，徜徉於山水間。山石勾綫方折，用筆勁峭，施以青綠，富有裝飾意味，意境清朗。此卷為清宮舊藏，著錄於《石渠寶笈三編》，並經徐邦達審定為“真跡上善”。

陸治（1496—1576 年）

雲川圖（局部）

手卷 紙本設色 1551 年作 41.4×148 厘米

四月廿九
乙巳年

五月
May

26

MONDAY 星期一

董邦達（1696—1769年）

臨馬遠《瀟湘八景圖》

手卷 紙本設色 1746年作 23.2×526厘米

中國嘉德2003年春季拍賣會

成交價 RMB 3,630,000

五月初一
乙巳年

五月
May

27

TUESDAY 星期二

瀟湘八景名出沈括《夢溪筆談》，北宋李成首繪《瀟湘八景圖》，後被米芾購得，並逐景轉述寫成《瀟湘八景圖詩序》，自此廣為人知，逐漸成為中國山水畫的重要題材。清內府藏有宋馬遠《瀟湘八景圖》真跡一卷，此卷乃董邦達奉旨摹寫八景，每景均配乾隆題詩。此卷經《石渠寶笈續編》著錄，曾經汪士元、李國松、王南屏等收藏。

董邦達（1696—1769 年）

臨馬遠《瀟湘八景圖》（局部）

手卷 紙本設色 1746 年作 23.2×526 厘米

五月初二
乙巳年

五月
May

28

WEDNESDAY 星期三

董邦達 (1696—1769 年)

臨馬遠《瀟湘八景圖》(局部)

手卷 紙本設色 1746 年作 23.2×526 厘米

乙巳年
五月初三

五月
May

29

THURSDAY 星期四

五月初四
乙巳年

五月
May

30

FRIDAY
星期五

董邦達（1696—1769 年）

臨馬遠《瀟湘八景圖》（局部）

手卷 紙本設色 1746 年作 23.2 × 526 厘米

董邦達 (1696—1769 年)

臨馬遠《瀟湘八景圖》(局部)

手卷 紙本設色 1746 年作 23.2 × 526 厘米

乙巳年
五月初五

＊端午節

五月
May

31

SATURDAY 星期六

6
JUNE

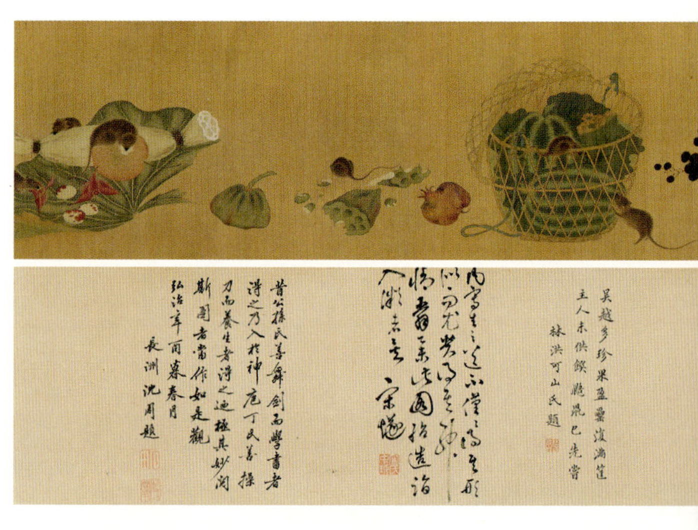

（傳）**錢選**（1239—1299 年）

寫生卷（局部）

手卷 絹本設色 畫：26.5 × 195 厘米；跋：26.5 × 121 厘米

中國嘉德（香港）2017 年秋季五周年慶典拍賣會
未成交

五月初六
乙巳年

兒童節

GUARDIAN ART CALENDAR 2025

六月
June

1

SUNDAY

星期日

此卷為瓜鼠題材寫生作品。鼠有多產的特性，常與藤蔓綿綿的瓜一起出現，寓意吉祥。畫面由蔬果瓜藤連綴，蔬果多以沒骨法作，用筆一絲不苟，色極鮮妍。其中幼鼠十餘隻，正在偷食蔬菜瓜果，神情動作各不相同。卷上鈐清內府印五方，款署“舜舉錢選”，拖尾有貢師泰、袁桷、宋燧、沈周諸跋及林洪題句，與《石渠寶笈初編》著錄完全吻合。

（傳）**錢選**（1239—1299 年）

寫生卷（局部）

手卷 絹本設色 畫：26.5×195 厘米；跋：26.5×121 厘米

乙巳年

五月初七

六月

June

2

MONDAY

星期一

(傳) **錢選** (1239—1299 年)

寫生卷 (局部)

手卷 絹本設色 畫：26.5 × 195 厘米；跋：26.5 × 121 厘米

五月初八
乙巳年

六月

June

3

TUESDAY

星期二

乙巳年
五月初九

六月
June

4

WEDNESDAY 星期三

（傳）錢選（1239—1299 年）

寫生卷（局部）

手卷 絹本設色 畫：26.5×195 厘米；跋：26.5×121 厘米

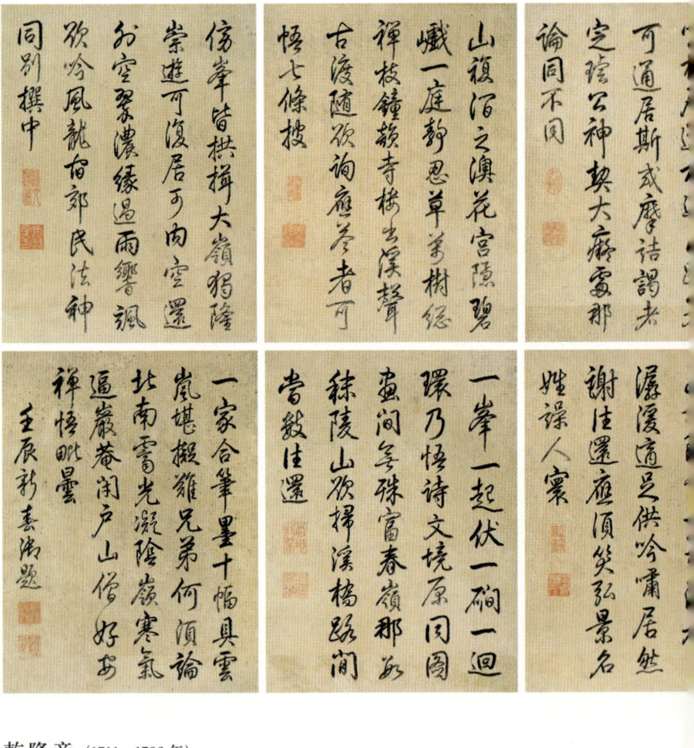

乾隆帝（1711—1799 年）

行書題畫詩（題《王時敏王鑒山水合璧》）（十開）

冊頁　紙本水墨　1772 年作　31×23 厘米　×10

中國嘉德 2015 年秋季拍賣會

成交價 RMB 15,525,000

乙巳年
五月初十

芒種

六月
June

5

THURSDAY 星期四

此作原是王時敏、王鑒《山水合冊》的對題，現“二王”畫已失，所幸乾隆題詩留存尚好。在題詩中乾隆帝不吝對“二王”繪畫的賞識，盛讚“二王”對董源、黃公望的師法與融通，並表達在繪畫中得到了“遊可復居可”“適足供吟嘯”的精神享受。所鈐“即事多所欣”“妙意寫清快”諸印璽，也展現了他傾注的快樂與心力。此冊曾經《石渠寶笈續編》著錄。

乾隆帝（1711—1799 年）

行書題畫詩（題《王時敏王鑒山水合璧》）（十開 · 部分）

冊頁 紙本水墨 1772 年作 31×23 厘米 ×10

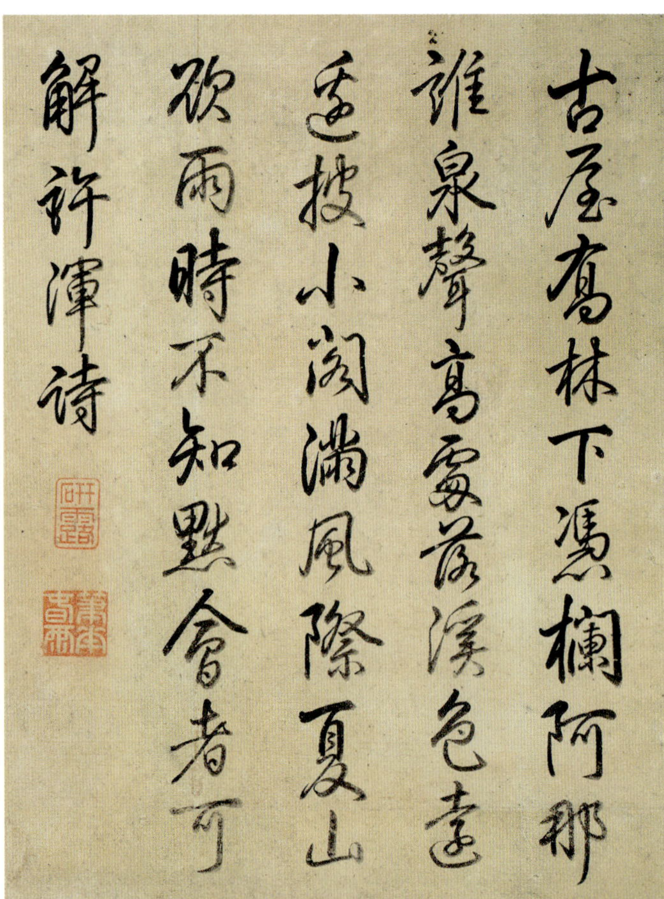

五月十一
乙巳年

GUARDIAN ART CALENDAR 2025

六月
June

6

FRIDAY
星期五

五月十二
乙巳年

GUARDIAN ART CALENDAR 2025

六月
June

7

SATURDAY 星期六

乾隆帝（1711—1799 年）

行書題畫詩（題《王時敏王鑒山水合璧》）（印鑒）

冊頁 紙本水墨 1772 年作 31×23 厘米 ×10

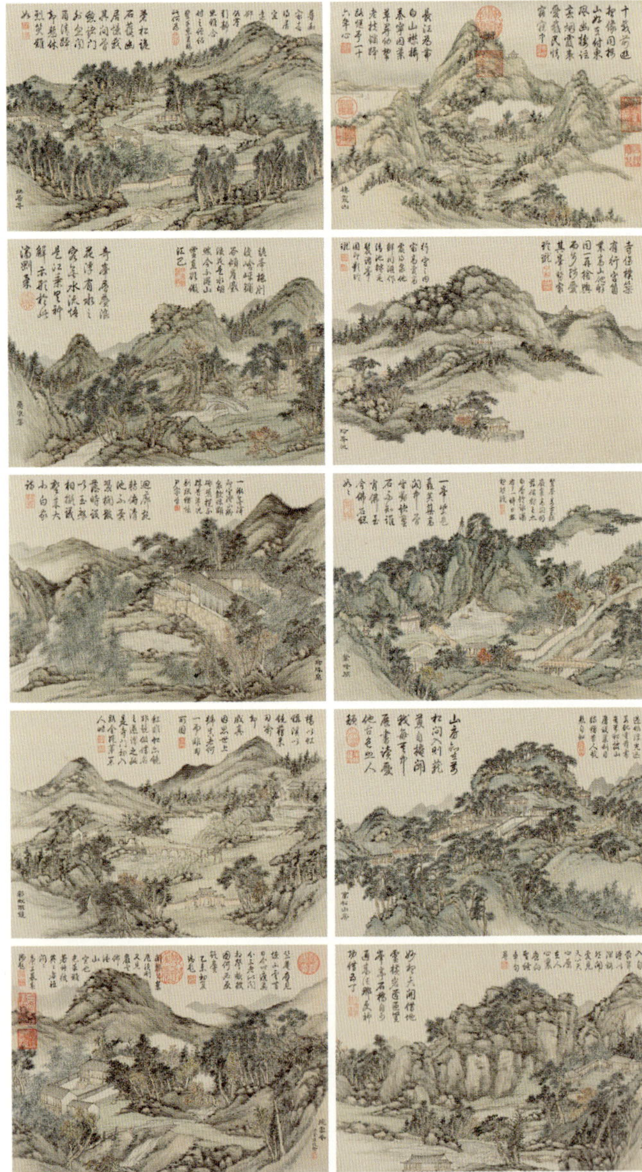

乙巳年 五月十三

六月

June

8

SUNDAY

星期日

董誥 (1740—1818 年)

棲霞十景圖 (十開)

冊頁 紙本設色 28.5×39.5 厘米 ×10

中國嘉德 2022 年秋季拍賣會

未成交

此冊為董誥奉命所畫《江東擷秀》二冊之下冊，著錄於《石渠寶笈續編》。全冊寫南京棲霞十景，每頁隸書標名。各開或諸峰環列，或庵堂隱於山坳，皆為畫家親臨其地遊賞並寫生之作。畫中董誥承繼“婁東派”反復皴染之法，展現出蒼渾樸厚的抒寫趣味。每開乾隆盛年親筆雙題，亦自然瀟灑。冊後有日本藏家林蔚堂、長尾甲、內藤湖南等題跋。

董誥（1740—1818 年）

棲霞十景圖（十開 · 局部）

冊頁 紙本設色 28.5×39.5 厘米 ×10

乙巳年
五月十四

六月
June

9

MONDAY
星期一

五月十五
乙巳年

GUARDIAN ART CALENDAR 2025

六月
June

10

TUESDAY
星期二

董誥（1740—1818 年）
棲霞十景圖（十開 · 局部）
冊頁 紙本設色 28.5×39.5 厘米 ×10

董誥（1740—1818 年）

棲霞十景圖（十開・局部）

冊頁 紙本設色 28.5 × 39.5 厘米 × 10

五月十六
乙巳年

六月

June

11

WEDNESDAY 星期三

萬松山房

乙巳年

五月十七

六月

June

12

THURSDAY 星期四

董誥（1740—1818年）

棲霞十景圖（十開・局部）

冊頁 紙本設色 28.5×39.5厘米 ×10

董誥（1740—1818 年）

棲霞十景圖（十開 · 局部）

冊頁 紙本設色 28.5×39.5 厘米 ×10

五月十八

乙巳年

GUARDIAN ART CALENDAR 2025

六月

June

13

FRIDAY

星期五

幽居菴

五月十九
乙巳年

六月
June

14

SATURDAY　星期六

董誥（1740—1818 年）
棲霞十景圖（十開．局部）
冊頁　紙本設色　28.5 × 39.5 厘米 × 10

董誥（1740—1818 年）

棲霞十景圖（十開・局部）

冊頁 紙本設色 28.5 × 39.5 厘米 × 10

五月二十
乙巳年

父親節

六月
June

15

SUNDAY
星期日

五月廿一
乙巳年

六月
June

16

MONDAY 星期一

董誥（1740—1818 年）
棲霞十景圖（十開・局部）
冊頁 紙本設色 28.5×39.5 厘米 ×10

董誥（1740—1818 年）

棲霞十景圖（十開 · 局部）

冊頁 紙本設色 28.5×39.5 厘米 ×10

五月廿二
乙巳年

六月
June

17

TUESDAY 星期二

董誥（1740—1818 年）

棲霞十景圖（十開 · 局部）

冊頁 紙本設色 28.5×39.5 厘米 ×10

五月廿三
乙巳年

六月
June

18

WEDNESDAY 星期三

董蕉林名勝圖冊
蔚堂清賞
長尾甲簽

五月廿四
乙巳年

六月
June

19

THURSDAY 星期四

董誥（1740—1818 年）

棲霞十景圖（紫檀木套 · 題跋）

冊頁 紙本設色 28.5 × 39.5 厘米 × 10

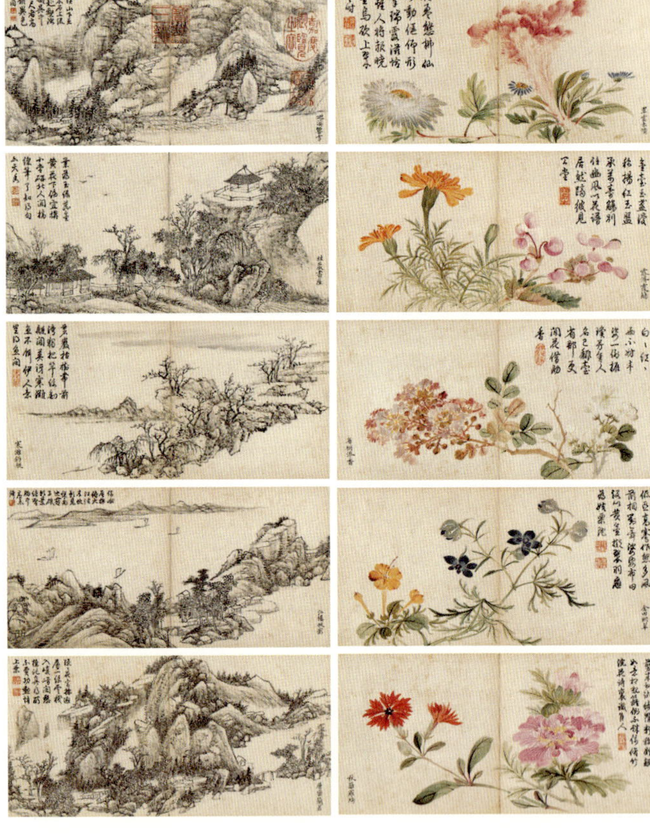

五月廿五
乙巳年

六月
June

20

FRIDAY 星期五

錢維城（1720—1772 年）

行廬清供（山水花卉）（十二開）

冊頁 紙本設色 12.5×25.1 厘米 ×12

中國嘉德 2005 年春季拍賣會
成交價 RMB 4,510,000

此冊共十二開，山水花卉各六開。山水皆以水墨染就，取法王原祁、黃鼎，以細筆中鋒勾勒，乾筆淡墨皴擦，蒼厚清朗。花卉受惲壽平、蔣廷錫、鄒一桂影響較多，設以重色，艷雅雜陳，情致各異。十二開皆有乾隆御題詩，足見其鍾愛之情。此冊尺幅小，可容掌中賞玩，曾為清宮舊藏，著錄於《石渠寶笈三編》，其上乾隆、嘉慶璽印。

錢維城（1720—1772年）

行廬清供（山水花卉）（十二開·部分）

冊頁 紙本設色 12.5×25.1厘米 ×12

五月廿六
乙巳年

夏至

GUARDIAN ART CALENDAR 2025

六月
June

21

SATURDAY 星期六

錢維城（1720—1772 年）

行廬清供（山水花卉）（十二開 · 局部）

冊頁 紙本設色 12.5 × 25.1 厘米 × 12

乙巳年

五月廿七

六月

June

22

SUNDAY

星期日

錢維城（1720—1772 年）

行廬清供（山水花卉）（十二開 · 部分）

冊頁 紙本設色 12.5×25.1 厘米 ×12

五月廿八
乙巳年

六月
June

23

MONDAY
星期一

乙巳年 五月廿九

六月

June

24

TUESDAY 星期二

錢維城（1720—1772 年）

行廬清供（山水花卉）（十二開 · 局部）

冊頁 紙本設色 12.5×25.1 厘米 ×12

錢維城（1720—1772 年）

行廬清供（山水花卉）（十二開 · 部分）

冊頁 紙本設色 12.5×25.1 厘米 ×12

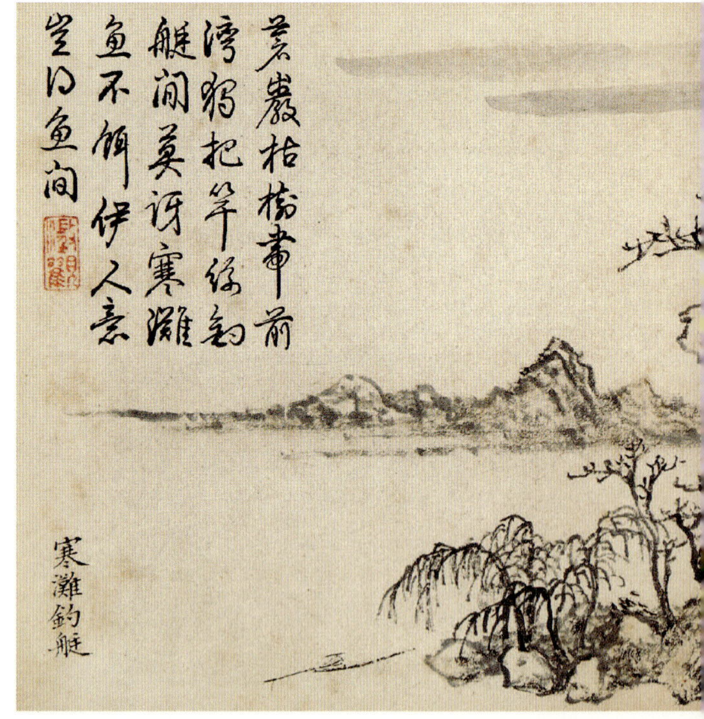

六月初一
乙巳年

六月
June

25

WEDNESDAY 星期三

錢維城（1720—1772 年）

行廬清供（山水花卉）（十二開 · 局部）

冊頁 紙本設色 12.5×25.1 厘米 ×12

乙巳年
六月初二

六月
June

26

THURSDAY 星期四

錢維城（1720—1772 年）

行廬清供（山水花卉）（十二開 · 部分）

冊頁 紙本設色 12.5×25.1 厘米 ×12

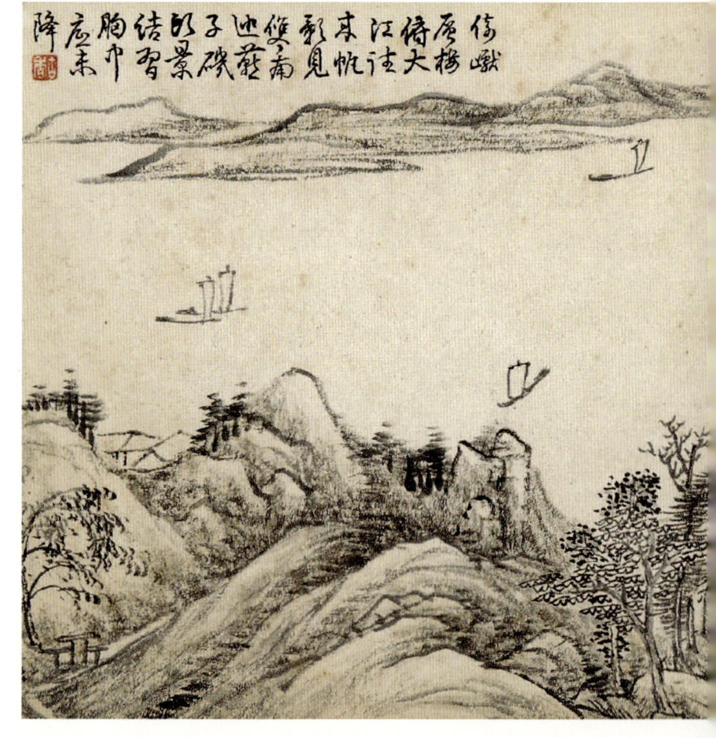

六月初三
乙巳年

六月
June

27

FRIDAY

星期五

乙巳年
六月初四

GUARDIAN ART CALENDAR 2025

六月
June

28

SATURDAY 星期六

錢維城（1720—1772年）

行廬清供（山水花卉）（十二開・局部）

冊頁 紙本設色 12.5×25.1厘米 ×12

錢維城（1720—1772 年）

行廬清供（山水花卉）（十二開 · 部分）

冊頁 紙本設色 12.5×25.1 厘米 ×12

六月初五
乙巳年

六月
June

29

SUNDAY
星期日

錢維城（1720—1772 年）

行廬清供（山水花卉）（十二開 · 局部）

冊頁 紙本設色 12.5×25.1 厘米 ×12

乙巳年
六月初六

GUARDIAN ART CALENDAR 2025

六月
June

30

MONDAY 星期一

7
JULY

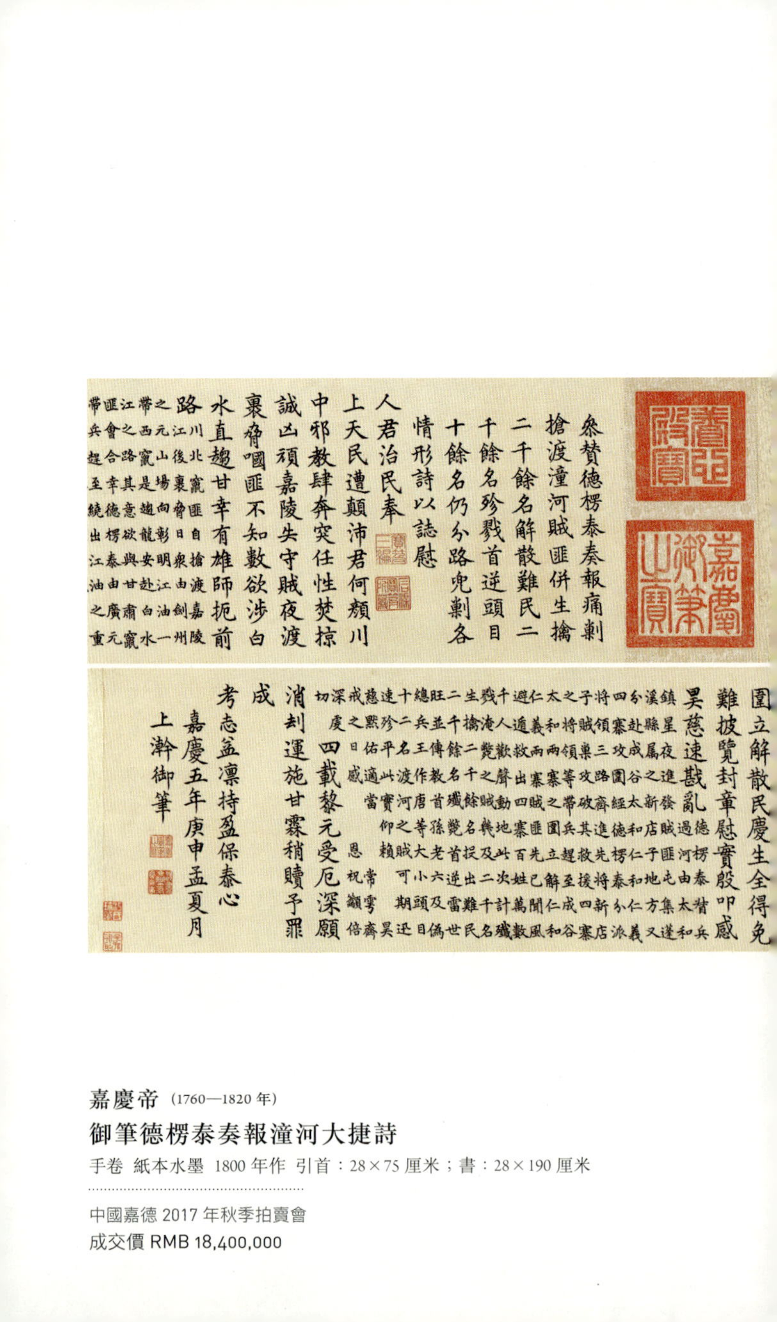

嘉慶帝 (1760—1820 年)

御筆德楞泰奏報潼河大捷詩

手卷　紙本水墨　1800 年作　引首：28 × 75 厘米；書：28 × 190 厘米

中國嘉德 2017 年秋季拍賣會

成交價 RMB 18,400,000

1

七月

July

TUESDAY

星期二

乙巳年

六月初七

建黨節

*香港特別行政區成立紀念日

嘉慶御筆

施甘洗甲

華壇箐林口扼據龍安等處要路為迎剿之計五日四戰陣得俸冉添元俘石門寨破賊勢孤

追奔直抵潼河岸滿望一

鼓殲萑苻德楞泰節次奏報生擒首逆陳得俸冉添元及偽総兵偽元帥等軍威大振賊匪竄路劍州屬之石門寨復經德楞泰督率鎮將分路通剿攻破賊寨生擒偽總兵李斌并賊目十數名賊勢渙散德楞泰等跟踪追剿賊匪東阻嘉陵江西阻潼河實己自投絕地冀可剋日殄除矣

詎料潼

河船未撤搶渡過涉任頂

滅餘燼將熄又蔓延即正

刑誅儆昏劣先是嘉陵江潼河兩岸倖泊船集經魁倫通飭各州縣盡行撤至各府城處所詎料該地方官竟未遵照撤泊賊匪馬步數百人先赴潼河王家嘴竄伺德楞泰帶兵趕至河邊騎馬之賊業經搶船濟渡將太和鎮焚掠擾及川西完善地方是此次殘敗之賊又復稽誅皆防河之員疎縱所致因將魁倫革職拏問並令德楞泰查明不行遵照撤泊船隻之知縣抵罪以懲怠玩

將軍

奮勇急渡河星夜追逐自

此卷以28句詩、196字展現了嘉慶帝親政後，振飭軍政吏治、清剿白蓮教武裝起義的信心與決心，可謂嘉慶帝眾多詩詞中最為大氣磅礴的佳作，是研究清史、清軍戰史、白蓮教史的珍貴歷史文獻。縱觀此幅，用筆沉穩嚴謹，結字方正平穩，氣息森嚴，盡得唐人楷體之精髓，透出深厚的臨池功力，是其盛年精整之作。本卷著錄於《石渠寶笈三編》。

嘉慶帝（1760—1820年）

御筆德楞泰奏報潼河大捷詩（局部）

手卷　紙本水墨　1800年作　引首：28×75厘米；書：28×190厘米

速殄平此實仰賴　昊
慈默佑適當　常雩齋
戒之日感恩祝籲倍
深虔
切　四載黎元受厄深願
消劫運施甘霖稍贖予罪
成
考志益凜持盈保泰心
嘉慶五年庚申孟夏月
上澣御筆

六月初八
乙巳年

GUARDIAN ART CALENDAR 2025

七月
July

2

WEDNESDAY 星期三

鎮星夜進發賊匪屯集逢
溪縣屬之新店子地方又
分赴成谷太和仁和仁義
四寨攻圍經德楞泰分派
將領三路齊進先將新店
子賊巢攻破其救援四寨
之將領等帶兵趕至成谷
太和兩寨之圍立解仁和
仁義兩寨賊匪先已聞風
避逭救出四寨百姓萬數
千人歡聲動地此次計殲
戮淹斃之賊幾及二千名
生擒二千餘名捉出難民
二千餘名殲斃首逆雷世
旺並傳教首孫老六及偽

佚名 (宋)

宋人摹郭忠恕四獵騎圖

手卷 絹本設色 39.8 × 191.6 厘米

中國嘉德 2010 年春季拍賣會

成交價 RMB 79,520,000

六月初九
乙巳年

七月
July

3

THURSDAY 星期四

此卷表現游牧民族行獵的情景，筆法細膩，設色古雅，呈現出鮮明的宋畫風範。本幅無款，學者薄松年認為此卷係南宋畫家手筆，且與故宮博物院藏南宋人畫《騎士獵歸圖》冊頁一方出於同一祖本。本卷在南宋經何夢然收藏，南宋覆亡後長期流落民間，至清乾隆年間收入宮廷，著錄於《石渠寶笈續編》，後被溥儀攜往東北而流出國外。

佚名（宋）

宋人摹郭忠恕四獵騎圖（局部）

手卷 絹本設色 39.8×191.6 厘米

六月初十
乙巳年

GUARDIAN ART CALENDAR 2025

七月
July

4

FRIDAY
星期五

丁觀鶴（清）

四獵騎圖

手卷　紙本設色　37.5 × 191.5 厘米

中國嘉德 2004 年春季拍賣會

成交價 RMB 5,720,000

六月十一
乙巳年

七月
July

5

SATURDAY 星期六

丁觀鶴是清朝乾隆時期的宮廷畫家，據《國朝院畫錄》記載，此卷是其唯一被收錄於《石渠寶笈》的作品。本卷為丁觀鶴的臨摹品，原作或說是宋朝佚名畫家作品，或題為郭忠恕所畫（見7月3日—4日日曆）。畫面描繪了遼代契丹族騎獵或狩獵結束後的情景。丁觀鶴的摹本忠實地再現了原作古樸的面貌，又具鮮明的時代氣息，人物形象生動，綫條流暢精細，富有表現力。此卷收錄在《石渠寶笈續編》之中。

乙巳年
六月十二

七月

July

6

SUNDAY

星期日

丁觀鶴（清）

四獵騎圖（局部）

手卷 紙本設色 37.5×191.5 厘米

錢維城（1720—1772 年）

雁蕩圖

手卷　紙本設色　32 × 731.2 厘米

中國嘉德 2007 年春季拍賣會

成交價 RMB 24,080,000

六月十三
乙巳年

小暑

七月
July

7

MONDAY
星期一

此卷是錢維城在全盛時期花費極大精力為“貢御”傾心締構的精品之作。雖落款稱“摹李唐本”，但除在構圖方面汲取宋人繁密奇峭的特色，筆墨則明顯取法元代黃公望、王蒙諸家，書卷氣十足。全卷萬壑千岩、層巒疊嶂，將雁蕩五十景依次展現，既有宏觀的雄奇氣勢，又有微觀的精妙刻畫。在《石渠寶笈》所收160件錢維城作品中，亦數恢弘之作。此卷收錄在《石渠寶笈續編》。

錢維城（1720—1772 年）

雁蕩圖（局部）

手卷 紙本設色 32×731.2 厘米

六月十四
乙巳年

七月
July

8

TUESDAY 星期二

錢維城（1720—1772 年）

雁蕩圖（局部）

手卷 紙本設色 32×731.2 厘米

乙巳年
六月十五

七月

July

9

WEDNESDAY 星期三

錢維城（1720—1772 年）

雁蕩圖（局部）

手卷 紙本設色 32×731.2 厘米

乙巳年

六月十六

七月

July

10

THURSDAY 星期四

錢維城（1720—1772 年）

雁蕩圖（局部）

手卷　紙本設色　32×731.2 厘米

六月十七
乙巳年

七月
July

11

FRIDAY
星期五

錢維城（1720—1772 年）

雁蕩圖（局部）

手卷　紙本設色　32 × 731.2 厘米

六月十八
乙巳年

GUARDIAN ART CALENDAR 2025

七月
July

12

SATURDAY 星期六

錢維城（1720—1772 年）

雁蕩圖（局部）

手卷 紙本設色 32×731.2 厘米

乙巳年
六月十九

GUARDIAN ART CALENDAR 2025

七月
July

13

SUNDAY

星期日

錢維城（1720—1772 年）

雁蕩圖（局部）

手卷 紙本設色 32×731.2 厘米

六月二十
乙巳年

七月
July

14

MONDAY
星期一

錢維城（1720—1772 年）

雁蕩圖（局部）

手卷 紙本設色 32×731.2 厘米

六月廿一
乙巳年

七月
July

15

TUESDAY 星期二

乙巳年
六月廿二

GUARDIAN ART CALENDAR 2025

七月
July

16

WEDNESDAY 星期三

錢維城 (1720—1772年)
雁蕩圖 (局部)
手卷 紙本設色 32×731.2 厘米

剪刀峯

六月廿三
乙巳年

GUARDIAN ART CALENDAR 2025

七月
July

17

THURSDAY 星期四

錢維城（1720—1772 年）
雁蕩圖（局部）
手卷 紙本設色 32×731.2 厘米

乙巳年
六月廿四

GUARDIAN ART CALENDAR 2025

七月
July

18

FRIDAY

星期五

錢維城（1720—1772 年）
雁蕩圖（局部）
手卷 紙本設色 32 × 731.2 厘米

乙巳年
六月廿五

GUARDIAN ART CALENDAR 2025

七月
July

19

SATURDAY 星期六

錢維城（1720—1772 年）

雁蕩圖（局部）

手卷 紙本設色 32×731.2 厘米

錢維城（1720—1772年）

雁蕩圖（局部）

手卷 紙本設色 32×731.2厘米

六月廿六
乙巳年

初伏

七月
July

20

SUNDAY

星期日

錢維城（1720—1772 年）

雁蕩圖（局部）

手卷 紙本設色 32×731.2 厘米

六月廿七
乙巳年

七月
July

21

MONDAY 星期一

錢維城（1720—1772年）

雁蕩圖（局部）

手卷　紙本設色　32×731.2厘米

乙巳年 六月廿八

大暑

七月

July

22

TUESDAY

星期二

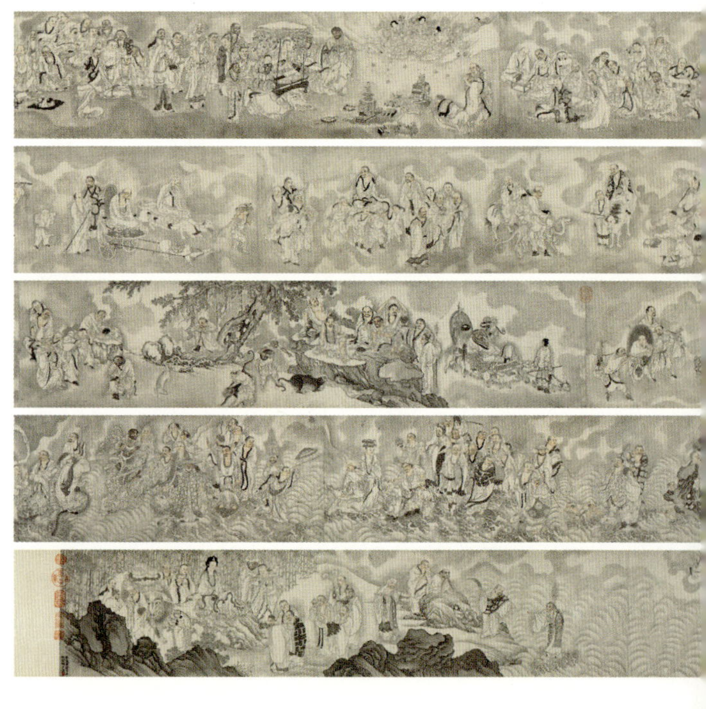

吳彬（明）

臨李公麟畫羅漢卷

手卷　紙本白描淡設色　31.8 × 1675.8 厘米

中國嘉德 2009 年春季拍賣會

成交價 RMB 44,800,000

乙巳年

六月廿九

七月

July

23

WEDNESDAY 星期三

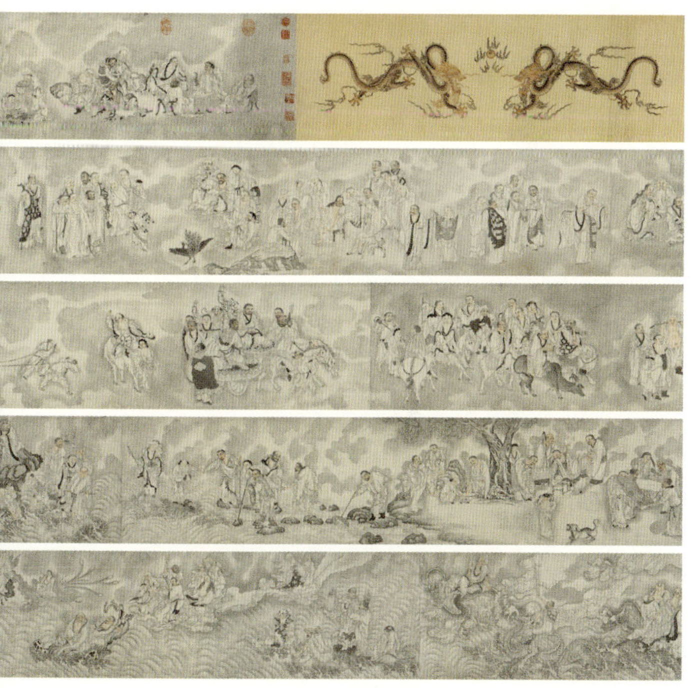

此卷全長約17米，描繪20餘個場景，畫羅漢、菩薩、鬼怪等數百人，獅象、龍虎、異獸數十種。除人物面部、手足施以淡色外，服飾、靈獸、器物等皆以白描畫成。羅漢僧眾，相貌有異，神態各別；鬼怪異獸，刻劃入微，栩栩如生。此卷為乾清宮舊藏，入《秘殿珠林續編》，按照體例，當時已不再品評等第，但此件吳彬手卷的畫袱上，仍保留着舊寫的“上等”字樣。

乙巳年

六月三十

GUARDIAN ART CALENDAR 2025

七月

July

24

THURSDAY 星期四

吳彬（明）

臨李公麟畫羅漢卷（局部）

手卷 紙本白描淡設色 31.8×1675.8 厘米

吳彬（明）

臨李公麟畫羅漢卷（局部）

手卷　紙本白描淡設色　31.8×1675.8 厘米

乙巳年
閏六月初一

七月
July

25

FRIDAY

星期五

閏六月初二
乙巳年

七月
July

26

SATURDAY 星期六

吳彬（明）

臨李公麟畫羅漢卷（局部）

手卷 紙本白描淡設色 31.8×1675.8 厘米

吳彬 (明)

臨李公麟畫羅漢卷 (局部)

手卷 紙本白描淡設色 31.8 × 1675.8 厘米

乙巳年
閏六月初三

七月
July

27

SUNDAY

星期日

閏六月初四
乙巳年

七月
July

28

MONDAY　星期一

吳彬（明）
臨李公麟畫羅漢卷（局部）
手卷　紙本白描淡設色　31.8 × 1675.8 厘米

閏六月初五
乙巳年

七月
July

29

TUESDAY 星期二

吳彬（明）

臨李公麟畫羅漢卷（局部）

手卷 紙本白描淡設色 31.8×1675.8 厘米

吳彬（明）

臨李公麟畫羅漢卷（局部）

手卷 紙本白描淡設色 31.8 × 1675.8 厘米

30

七月

July

WEDNESDAY 星期三

GUARDIAN ART CALENDAR 2025

中伏

乙巳年

閏六月初六

乙巳年

閏六月初七

GUARDIAN ART CALENDAR 2025

七月

July

31

THURSDAY 星期四

吳彬（明）

臨李公麟畫羅漢卷（局部）

手卷 紙本白描淡設色 31.8×1675.8 厘米

8

AUGUST

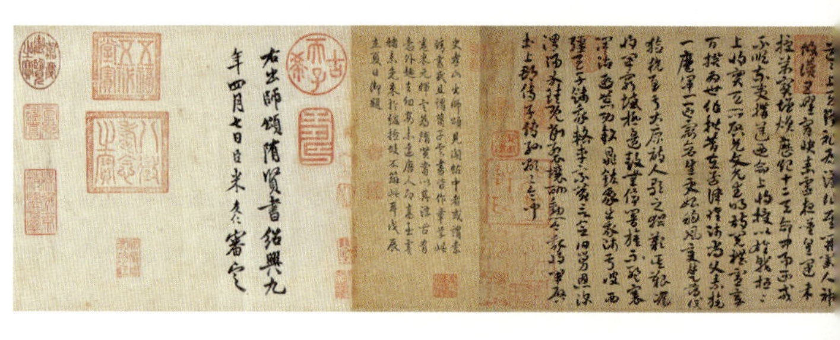

佚名（隋）

隋人書出師頌卷

手卷　紙本水墨　晉隋間朝手寫本　本幅：21.2 × 29.1 厘米

中國嘉德 2003 年春季拍賣會
成交價 RMB 22,000,000

乙巳年

閏六月初八

建軍節

GUARDIAN ART CALENDAR 2025

八月

August

FRIDAY

1

星期五

章草《出師頌》墨跡見於著錄者有二，一為“紹興本”，一為“宣和本”。此卷即“紹興本”，屬較典型的早期章草書體。本卷在唐代由太平公主收藏，南宋紹興年間入內府，經米友仁鑒題，明歸王世懋，後入乾隆內府，著錄於《石渠寶笈續編》。民國時期由溥儀轉出宮外，散落民間，與後卷元人張達善題跋截為兩段（見8月4日、8月5日）。2003年在嘉德的促成下，此卷現入藏故宮博物院。

佚名（隋）

隋人書出師頌卷（局部）

手卷　紙本水墨　晉隋間朝手寫本　21.2×29.1 厘米

2

八月
August

SATURDAY 星期六

閏六月初九
乙巳年

佚名（隋）

隋人書出師頌卷（印鑒）

手卷　紙本水墨　晉隋間朝手寫本　21.2 × 29.1 厘米

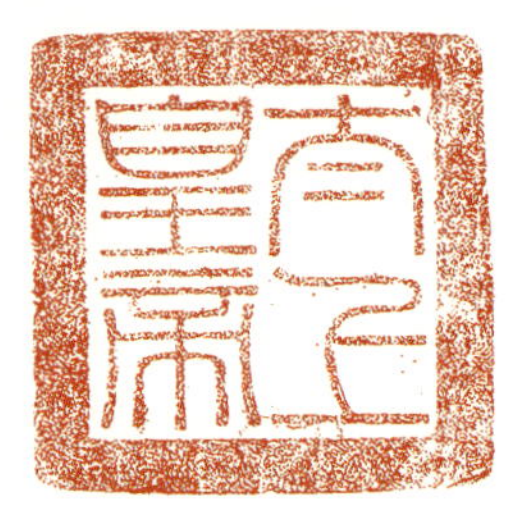

閏六月初十

乙巳年

八月

August

3

SUNDAY

星期日

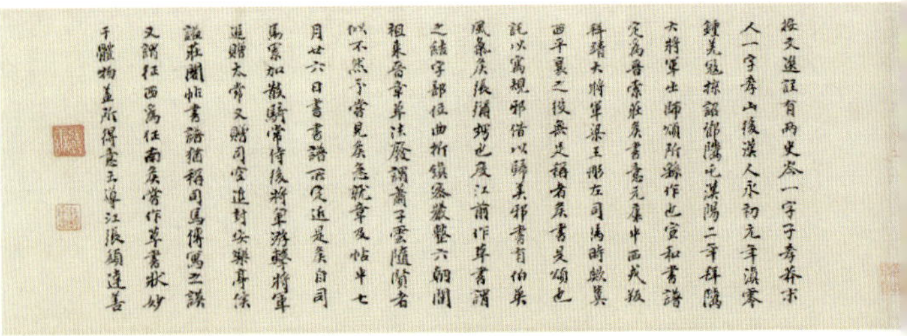

張達善（元）

跋隋人書出師頌卷

手卷　紙本水墨　尺寸不一

中國嘉德 1997 年秋季拍賣會
成交價 RMB 46,200

閏六月十一
乙巳年

八月
August

4

MONDAY 星期一

此卷為《隋人書出師頌卷》卷後跋文，內容分兩段，前段對《出師頌》文字進行了考校，後段對《出師頌》歷史背景及索靖進行考證。今存可見張達善墨跡者，僅此一件，可稱孤品。民國時期溥儀將《隋人書出師頌卷》轉出宮外，幾經劫難，裂為兩斷。2003年，此跋與前卷合璧，共入藏故宮博物院。本卷經《石渠寶笈續編》著錄。

京書印一半宋朝內府印三餘未
詳　主
法書苑索靖字幼安張芝姊之孫
官至征南司馬草書絕代傳芝草
而形異甚矜其書名其字曰銀鈎
蠆尾武帝愛之時衛瓘索靖善草
隸王平南廙曾得靖書七月廿六
日書一紙每寶玩之遭永嘉喪亂
乃四疊綴衣中以渡江今蒲州桑
泉令豆盧器得之疊迹猶在靖草
書入神品 按閣帖作征西司馬

張達善（元）

跋隋人書出師頌卷（局部）

手卷　紙本水墨　尺寸不一

乙巳年
閏六月十二

GUARDIAN ART CALENDAR 2025

八月
August

5

TUESDAY 星期二

右後漢史岑孝山出師頌米友仁
審定隨賢書米元章書史載錢勰
房下有史孝山出師頌題作蕭子
雲亦奇古宣和書譜有索靖章草
四帖內有出師頌三家評論不同
校以文選假讚作贊西戎作零盧
寓作宇鼎鉉作鉉竆域作城今閫
作閩言戎則所該者廣言零則一
小戎耳城字誤無疑餘皆通用況
我將軍此書脫我字前後印文十

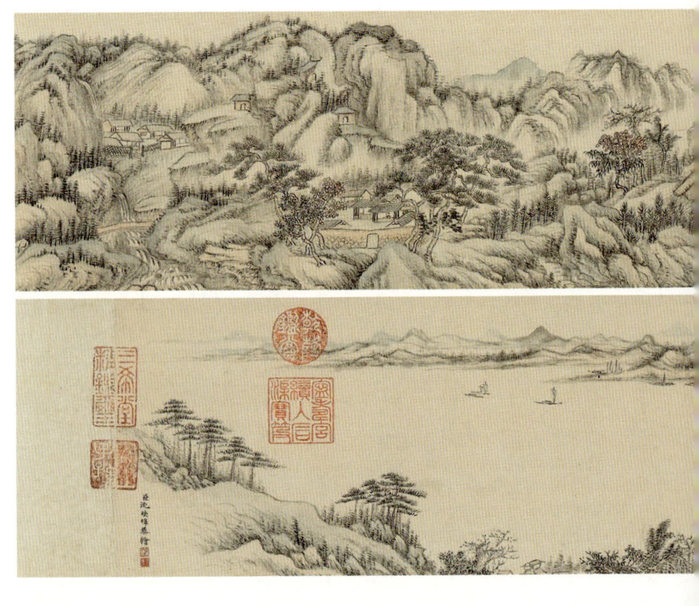

沈映輝（清）

湖山清興

手卷 紙本設色 13.6×135 厘米

中國嘉德 2010 年春季拍賣會
成交價 RMB 6,048,000

中國嘉德 2011 年秋季拍賣會
成交價 RMB 13,800,000

閏六月十三
乙巳年

八月
August

6

WEDNESDAY 星期三

沈映輝因乾隆“南巡獻詩畫，上親擢第一”而成為宮廷畫家，然不久由於身體的緣故“移疾歸里”，因此宮中藏其作不多，而知者遂少，流傳至今者亦少見。此卷寫群山連綿，中藏村莊、曲徑、板橋及密樹奔泉。山前山後，湖天空闊，帆飽如飛，一望杳無際涯。畫筆秀潤清淡，趣味在王原祁、董邦達之間。本卷經《石渠寶笈續編》著錄。

沈映輝（清）

湖山清興（局部）

手卷 紙本設色 13.6×135 厘米

7

八月

August

THURSDAY 星期四

立秋

閏六月十四

乙巳年

閏六月十五

乙巳年

GUARDIAN ART CALENDAR 2025

八月

August

8

FRIDAY

星期五

沈映輝（清）

湖山清興（局部）

手卷　紙本設色　13.6×135 厘米

乙巳年

閏六月十六

末伏

八月

August

9

SATURDAY 星期六

沈映輝（清）

湖山清興（局部）

手卷 紙本設色 13.6×135 厘米

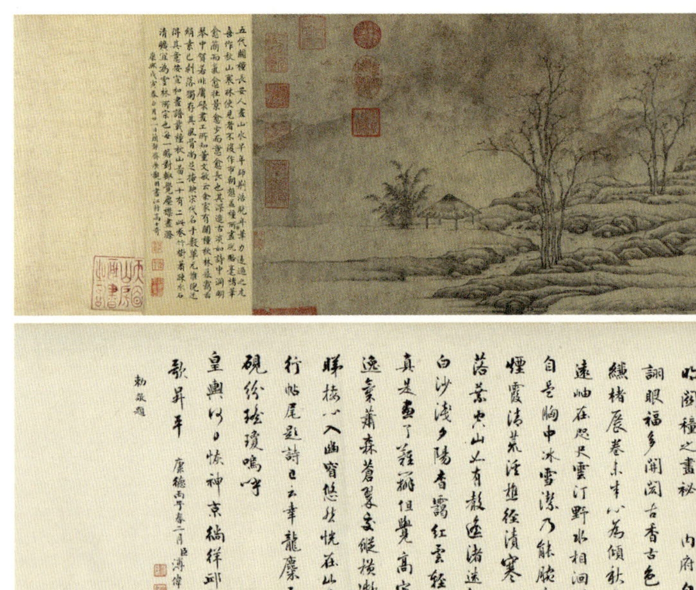

(傳) 關仝 (約 907—960 年)

秋山平遠圖

手卷　紙本水墨　引首：30 × 55 厘米；畫：30 × 49.7 厘米；跋：30 × 160 厘米

中國嘉德 2018 年秋季拍賣會
成交價 RMB 12,075,000

閏六月十七
乙巳年

GUARDIAN ART CALENDAR 2025

八月
August

10

SUNDAY
星期日

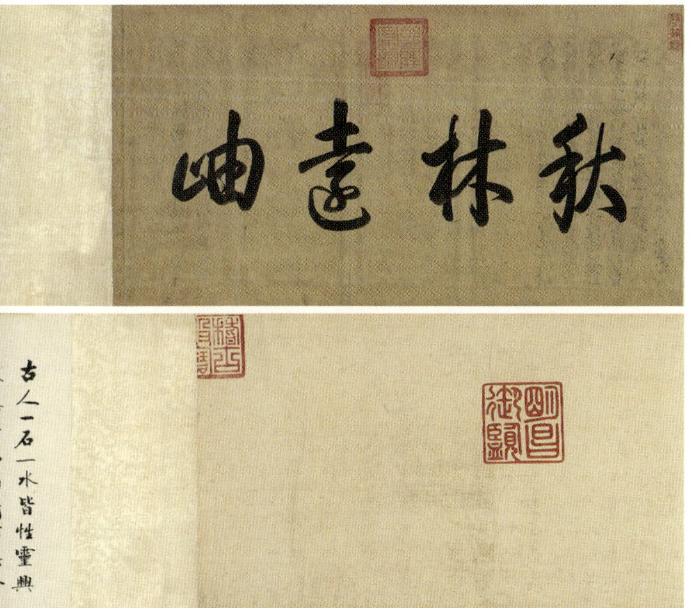

此卷傳為關仝所作。關仝，北宋長安人，擅山水，峻偉卓拔，氣勢攝人，然而流傳作品極少，真面難見。本卷繪平坡秋林，流泉孤亭，疏竹蕭蕭，遠山隱隱，情境靜寂悠遠。本幅雖無款，但高士奇、乾隆帝諸題俱真，並著錄於《江村書畫目》及《石渠寶笈初編》。卷上璽印纍纍，乾隆既題引首復署外簽，可見鍾愛之甚，後被溥儀帶往滿洲而流散民間。

(傳) 關仝 (約 907—960 年)

秋山平遠圖 (局部)

手卷　紙本水墨 引首：30 × 55 厘米；畫：30 × 49.7 厘米；跋：30 × 160 厘米

閏六月十八
乙巳年

GUARDIAN ART CALENDAR 2025

八月
August

11

MONDAY
星期一

(傳) **關仝** (約 907—960 年)

秋山平遠圖 (局部)

手卷　紙本水墨 引首：30 × 55 厘米；畫：30 × 49.7 厘米；跋：30 × 160 厘米

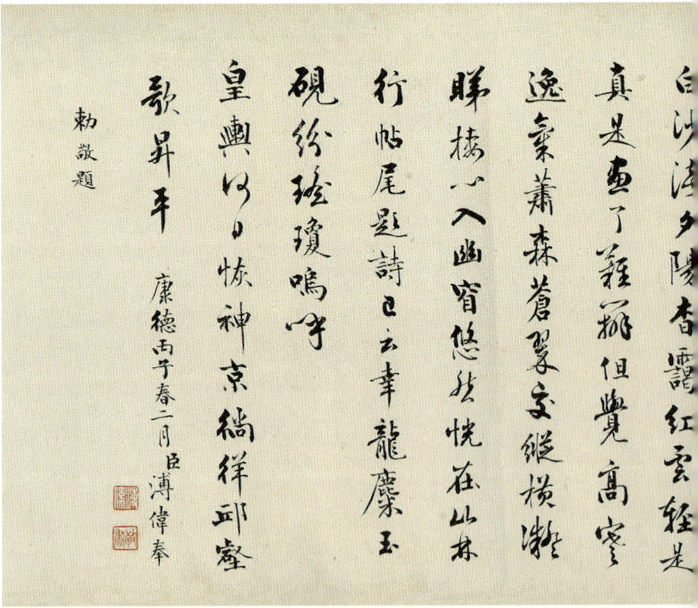

12

八月
August

TUESDAY
星期二

閏六月十九
乙巳年

西苑十首

萬歲山在子城東北玄
武門外為大內之鎮山
也上林木陰翳尤
多珍果一名百果園
日出靈山花霧消分明
員嶠戴金鰲東來複
道浮雲迥北極觚稜王
氣高仙仗春秋物
化禧園芳歲薦櫻桃
壽林翠藹深於沐搖
遙下家雨露青

太液池在子城西禁
門內周凡數里環以林
木中樹東西碕以石
梁橋為虹在其中
液落縮池深太清芙
蓉十里稱雲平芳開
東西別英韶景見秋
風萬石綠玉珠鏈鏈
香碧菰銀山綠縹白
雲滴澄紅風聲經過
地虎居細蕭搖不斷

瓊華島在太液池中
上有廣寒殿相傳遼
太后梳妝之所
海上三山滑翠鬟天
宮遙在碧雲端古木浮
涼秋氣迴人世寒仙玉
宇千落日黃翁細長
秋風桂樹露溥溥樓
遊群霄前何事誰見
吹簫駕綵鸞
清井海子瓊華島東
別有幽水覓迷濛
家市子有樓船蘭橈
桂楫芳千里波綠平
橘橙往來浮水秋風
空落日情堤楊柳浮
青銅
今王家有同凡樂不遠
青瑣漢銘川
芭蕉園在太液池東
叢臺樓殿古木珍石
參錯其中無窮
成於此其家
水山壘析翠嶺峰松桂

陰陰翠治科芳長蘭
亭遠曲水雨深桃洞自
飄花宗雲似畫圖
黃屋青山累石讀罷
萬合是史玉梅芳地
文光陰陰結霞
樂成殿在芭蕉園南
引水為池中建三三子
左右為水巷東有西
田壘深濁水以轉碓
廣南田穀成於此春
作以云樂成
太液東岸臨深平芙
蓉小殿影居明曲欄
影波深深水漾
水宮桂漢白金碾引
羽帶翠楊花吹芳
瀲漆飛楊柳
下子無為樂歲成
南臺在太液池南上有
昭和殿下有水田村舍
青林迴遠轉迴塘南
臺高臺花墻坊日
桂梅春高叢風殿

閣畫生涼雨水榭
軒翠雲香見平田照
稻粱
聖主一遊還一豫居然
清禁有漁鄉
兔園在太液池西叢
山複殿林木蔚然山
下小池石謹激水池中
轉出而嚮
漢王遊息有離宮頓
閣崇飛迴迴通殿
春風花鳳飛閣
鷺橋紅圖雲落翻
林表晴雲繞橋地
中間橫由來
莫弄子枝石梁花下釣
同
平臺在兔園之東
太液西南花墻之
內馳道可以走馬
世皇嘗於此閱射
日射宮墻
先皇閱武有層臺
方馳道依城東西

軒楹水雲倚晴芳
不藉仙仗甘泉來
金華部白
長楊不才
嘉靖乙酉春余在翰
林同官陳侍講魯南
馬修撰仲房王編修
從花之
遊先是魯南出
日
余四人詩者
歷諸憶
詩十首余
神宮禁上小人
悵然
遠
詩以其中
及今二十餘
年物余
老不
病復
詩居
讀在廣寒
太液之乙酉十月十
日徵明識

閏六月二十

乙巳年

八月

August

13

WEDNESDAY 星期三

文徵明 (1470—1559 年)

行書《西苑詩》(十六開)

冊頁 紙本水墨 1549 年作 25 × 13.8 厘米 × 31

中國嘉德 2010 年秋季拍賣會

成交價 RMB 52,080,000

《西苑詩》創作於文徵明50餘歲在京任翰林院待詔時。全篇共七律十首，描述宮城西以太液池為中心的御苑（即今中南海和北海）景色，其晚年曾一再書之。書此冊時文徵明已近耄耋之年，但用筆蒼勁流暢，風姿端整秀雅，且意態安詳，瘦硬入神，已趨熟之老境。本冊曾經明代項元汴、高濂收藏，後入乾隆內府，著錄於《石渠寶笈初編》。

文徵明（1470—1559 年）

行書《西苑詩》（十六開．部分）

冊頁　紙本水墨　1549 年作　25 × 13.8 厘米　× 31

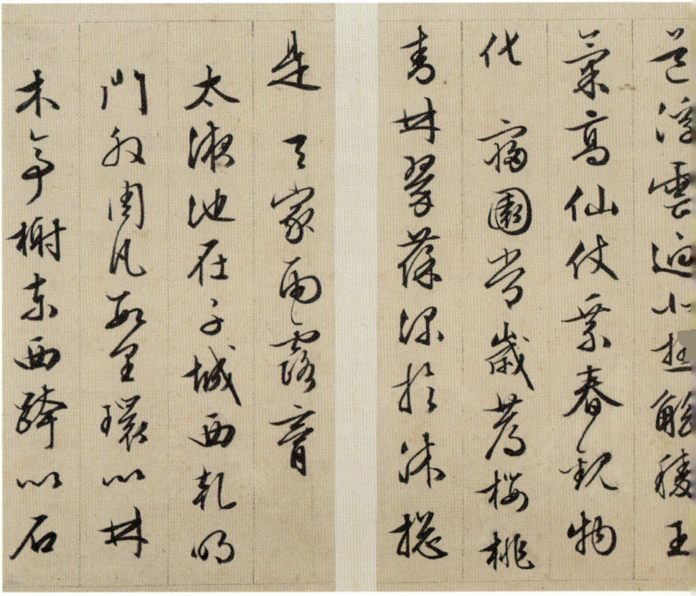

閏六月廿一
乙巳年

GUARDIAN ART CALENDAR 2025

八月
August

14

THURSDAY 星期四

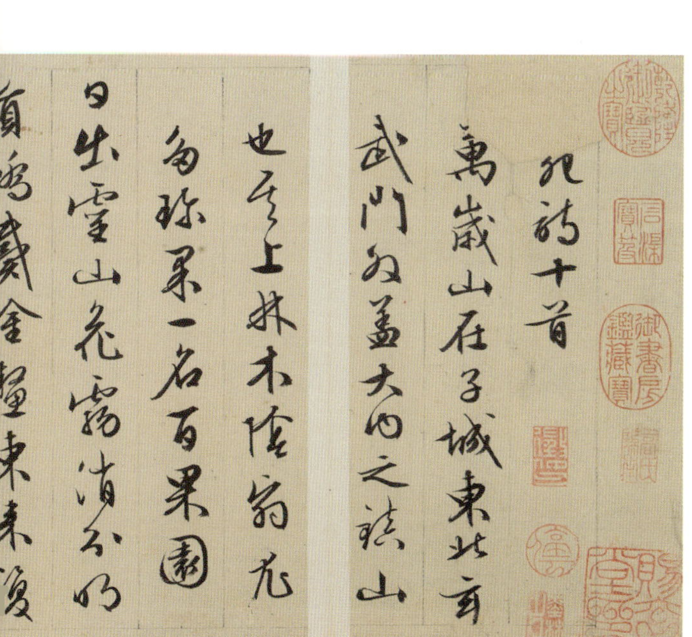
紀詩十首
萬歲山在子城東北玄
武門外蓋大内之鎮山
也其上林木陰翳花
多珍果一名百果園
日出雲山花霧消分明

文徵明（1470—1559 年）

行書《西苑詩》（十六開 · 部分）

冊頁　紙本水墨　1549 年作　25×13.8 厘米 ×31

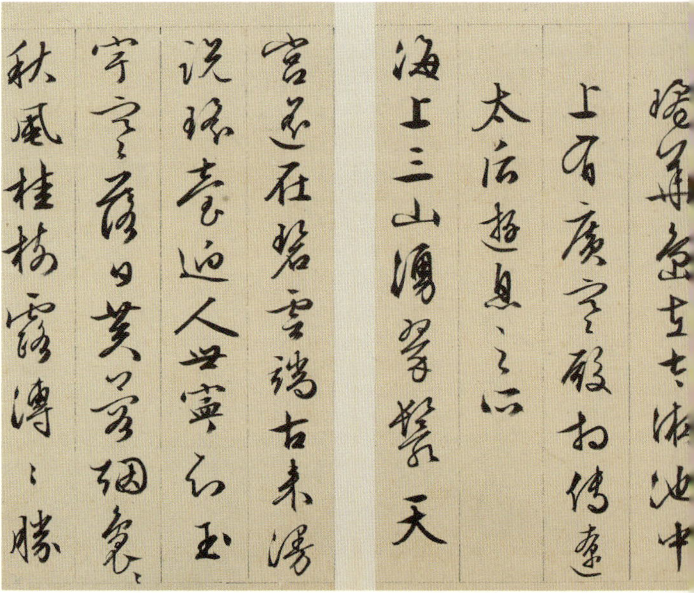

閏六月廿二
乙巳年

八月
August

15

FRIDAY
星期五

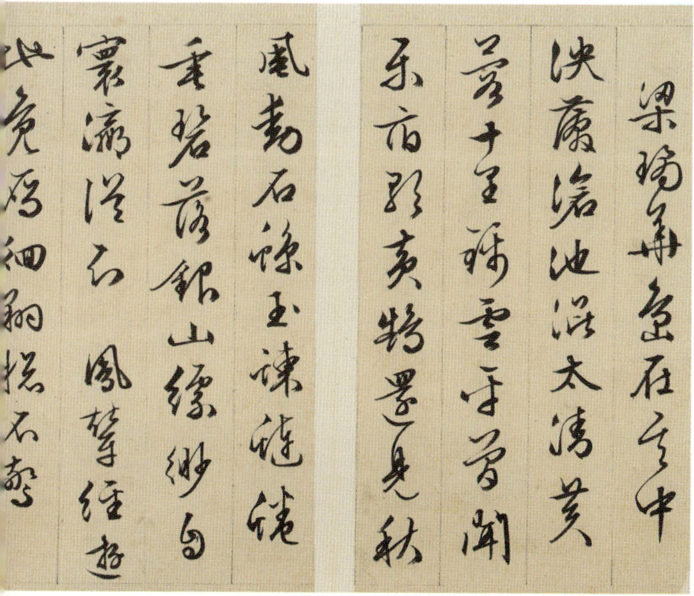

文徵明（1470—1559 年）

行書《西苑詩》（十六開 · 部分）

冊頁 紙本水墨 1549 年作 25×13.8 厘米 ×31

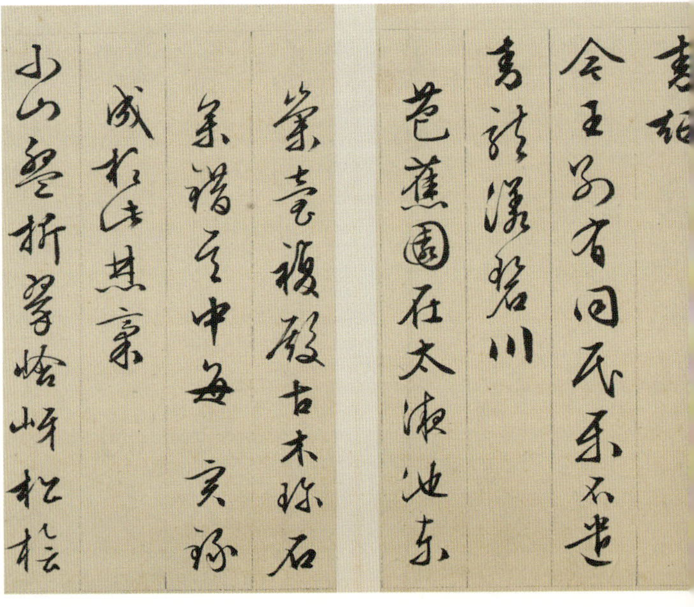

閏六月廿三
乙巳年

八月
August

16

SATURDAY 星期六

文徵明（1470—1559 年）

行書《西苑詩》（十六開 · 部分）

冊頁 紙本水墨 1549 年作 25×13.8 厘米 ×31

閏六月廿四
乙巳年

八月
August

17

SUNDAY
星期日

文徵明（1470—1559 年）

行書《西苑詩》（十六開 · 部分）

冊頁　紙本水墨　1549 年作　25 × 13.8 厘米 × 31

18

八月
August

MONDAY 星期一

閏六月廿五
乙巳年

文徵明（1470—1559年）

行書《西苑詩》（十六開・部分）

冊頁　紙本水墨　1549年作　25×13.8厘米　×31

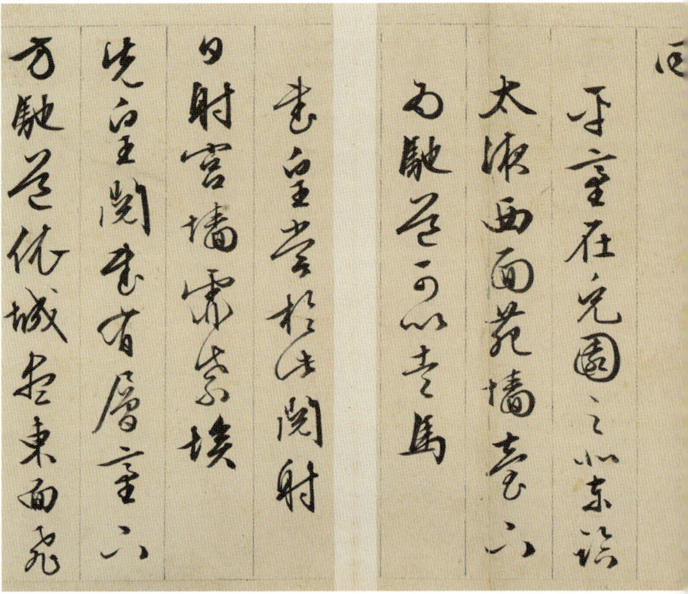

19

八月
August

TUESDAY
星期二

出伏

乙巳年
閏六月廿六

王翬（1632—1717 年）

唐人詩意圖

手卷　絹本設色　1710 年作　42.5 × 505 厘米

中國嘉德 2002 年秋季拍賣會
成交價 RMB 7,500,000

中國嘉德 2011 年秋季拍賣會
成交價 RMB 126,500,000

閏六月廿七
乙巳年

八月
August

20

WEDNESDAY 星期三

夏珪曾作長卷，宋理宗對景逐段標題，藝林傳為勝事。王翬仿其法，摘取唐詩12句，繪其意境，匯為此卷。畫中坡陀相續，蹊徑蜿蜒，山勢漸起。晚靄生處，疊壑層岩，逶迤有磅礴之勢。陳士璠稱此卷“以元人之筆，寫唐人之詩，體物窮神，無不得其真趣”，實為王翬畫中極精之品。本卷舊藏清宮，著錄於《石渠寶笈續編》，後被溥儀攜至東北而散逸民間。

閏六月廿八

乙巳年

八月

August

21

THURSDAY 星期四

王翬（1632—1717 年）

唐人詩意圖（局部）

手卷 絹本設色 1710 年作 42.5 × 505 厘米

閏六月廿九
乙巳年

八月
August

22

FRIDAY
星期五

王翬（1632—1717 年）
唐人詩意圖（局部）
手卷　絹本設色　1710 年作　42.5 × 505 厘米

王翬（1632—1717 年）

唐人詩意圖（局部）

手卷 絹本設色 1710 年作 42.5 × 505 厘米

乙巳年
七月初一

處暑

八月
August

23

SATURDAY 星期六

七月初二
乙巳年

GUARDIAN ART CALENDAR 2025

八月
August

24

SUNDAY

星期日

王翬（1632—1717 年）

唐人詩意圖（局部）

手卷 絹本設色 1710 年作 42.5 × 505 厘米

王翬（1632—1717 年）

唐人詩意圖（局部）

手卷 絹本設色 1710 年作 42.5 × 505 厘米

乙巳年
七月初三

八月
August

25

MONDAY 星期一

(傳) **周文矩** (約 937—975 年)

太真上馬圖

手卷 絹本設色 畫：29.7 × 108 厘米；跋：29.7 × 129.5 厘米

中國嘉德 2018 年春季拍賣會

未成交

七月初四
乙巳年

八月
August

26

TUESDAY 星期二

自白居易的《長恨歌》開始，唐明皇、楊貴妃歷史故實，是被不斷書寫的主題。此卷即描繪楊貴妃準備上馬與唐明皇出遊的場景，所繪人馬有唐人遺風，如馬的肥臀短腿，楊貴妃的“去眉開額”，唐朝服制的嚴謹呈現等，具有重要藝術價值和歷史價值。本卷原為清宮舊藏，著錄於《石渠寶笈三編》，經溥儀攜去長春後輾轉至鄧拓收藏。

七月初五
乙巳年

八月
August

27

WEDNESDAY 星期三

（傳）周文矩（約 937—975 年）

太真上馬圖（局部）

手卷 絹本設色 畫：29.7 × 108 厘米；跋：29.7 × 129.5 厘米

(傳) 周文矩 (約 937—975 年)

太真上馬圖 (局部)

手卷 絹本設色 畫：29.7 × 108 厘米；跋：29.7 × 129.5 厘米

七月初六
乙巳年

八月
August

28

THURSDAY 星期四

七月初七
乙巳年

七夕節

GUARDIAN ART CALENDAR 2025

八月
August

29

FRIDAY

星期五

（傳）周文矩（約 937—975 年）

太真上馬圖（局部）

手卷 絹本設色 畫：29.7 × 108 厘米；跋：29.7 × 129.5 厘米

我生老去賸兩耳山窓高眠常宴
起爾雞與我似無緣高唱幾聲
來枕底毛黃嘴爪亦俊然雄毅之
姿梟雞以東家把鬪今老已童
之食客還中止不如贈與候朝人
霜馬催人行殘夢裏
成化十四年戊戌秋月并畫沈周

七月初八
乙巳年

八月
August

30

SATURDAY 星期六

沈周 (1427—1509 年)

古木花冠

立軸 紙本設色 1478 年作 135×64.2 厘米

中國嘉德 2008 年春季拍賣會
未成交

沈周擅畫山水，於花鳥也頗有造詣。此軸為沈周晚年之作，繪古木數枝，平坡之上，一雄雞傲然獨立。雄雞的羽毛以朱色配淡墨點染，溫柔蓬鬆；喙和腳的刻畫則尖銳有力。其喙緊閉，目視前方，似待時而鳴。題跋中沈周以雄雞自比，雖"我生老去"，然"雄毅之姿眾難比"，可見大家風範。據《石渠寶笈三編》記載，本軸原藏於圓明園藻園。

沈周（1427—1509 年）

古木花冠（局部）

立軸 紙本設色 1478 年作 135×64.2 厘米

七月初九
乙巳年

八月
August

31

SUNDAY 星期日

9
SEPTEMBER

仇英（約 1498—1552 年）

赤壁圖

手卷 紙本設色 23.5 × 129 厘米

中國嘉德 2007 年秋季拍賣會

成交價 RMB 79,520,000

七月初十
乙巳年

九月
September

1

MONDAY 星期一

傳世仇英所作《赤壁圖》有三幅：一藏於遼寧省博物館，一藏於上海博物館，另一件即為此卷。畫中白露橫江，斷岸千尺，描繪了蘇東坡與客泛舟中流這一情境，畫法細縝，淡冶蘊藉。本卷曾經晚明張覲宸、張孝思父子遞藏，後歸康熙第三子允祉，旋入清宮，被《石渠寶笈初編》定為上等。民國時被溥儀攜出而流散民間，後為天津實業家張重威收藏。

七月十一
乙巳年

GUARDIAN ART CALENDAR 2025

九月
September

2

TUESDAY
星期二

仇英（約 1498—1552 年）
赤壁圖（局部）
手卷　紙本設色　23.5 × 129 厘米

七月十二
乙巳年

九月
September

3

WEDNESDAY 星期三

仇英（約 1498—1552 年）
赤壁圖（局部）
手卷 紙本設色 23.5 × 129 厘米

仇英（約 1498—1552 年）

赤壁圖（局部）

手卷 紙本設色 23.5×129 厘米

七月十三
乙巳年

九月
September

4

THURSDAY 星期四

丁雲鵬（1547—1628 年）

羅漢渡海

手卷 紙本水墨 1601 年作 29×408.2 厘米

中國嘉德 2007 年秋季拍賣會

成交價 RMB 1,400,000

七月十四
乙巳年

九月
September

5

FRIDAY 星期五

丁雲鵬擅畫道釋像，尤以白描羅漢著稱，他喜用誇張甚至變形的手法作畫，筆下人物奇形古貌，迥出常格。此卷取材佛教故事中著名的羅漢渡海傳說，用筆精湛純熟，綫條遒勁有力，刻畫細緻入微，嚴謹中不失飄逸流暢的美感，具李公麟遺風。畫中人物神態各具，已具明顯的變形主義風貌，當是丁雲鵬晚年成熟之作。此卷經《秘殿珠林初編》著錄。

丁雲鵬（1547—1628 年）

羅漢渡海（局部）

手卷 紙本水墨 1601 年作 29×408.2 厘米

乙巳年

七月十五

中元節

九月

September

6

SATURDAY

星期六

丁雲鵬（1547—1628 年）

羅漢渡海（局部）

手卷 紙本水墨 1601 年作 29×408.2 厘米

乙巳年
七月十六

白露

GUARDIAN ART CALENDAR 2025

九月
September

7

SUNDAY
星期日

丁雲鵬（1547—1628 年）

羅漢渡海（局部）

手卷 紙本水墨 1601 年作 29×408.2 厘米

七月十七
乙巳年

九月
September

8

MONDAY
星期一

丁雲鵬（1547—1628 年）

羅漢渡海（局部）

手卷　紙本水墨　1601 年作　29 × 408.2 厘米

七月十八
乙巳年

九月

September

9

TUESDAY

星期二

文公先生像

七月十九
乙巳年

教師節

GUARDIAN ART CALENDAR 2025

九月
September
10
WEDNESDAY 星期三

郭詡 (1456—1532 年)

朱子像

立軸 紙本水墨 88.5×58 厘米

中國嘉德 2010 年春季拍賣會
成交價 RMB 9,072,000

此軸繪朱熹像，朱熹頭戴方巾，拱手凝視前方，安祥慈和。人物神情刻畫生動，筆法凝煉，衣紋以銀鉤鐵畫，遒勁有力。疏鬆細勁的鬍鬚頭髮，輕鬆利落卻根根都像從皮肉中長出。兩眼的上瞼，都有短短的一筆若不經意地劃出，把對象的年齡特徵畫得生動傳神。郭詡畫作傳世不多，本軸為清宮舊藏，又經《石渠寶笈三編》著錄，十分珍貴。

七月二十
乙巳年

九月
September
11
THURSDAY 星期四

曹夔音（清）

法諸家山水冊（九開）

冊頁 紙本水墨 23.2×29.3 厘米 ×9

中國嘉德 2011 年秋季拍賣會
未成交

中國嘉德 2022 年秋季拍賣會
RMB 7,475,000

曹夔音，清乾隆時宮廷畫家，擅山水，善摹古而能不專一格。此冊為金粟箋本，仿董源、范寬、黃公望、沈周等宋元明諸家，構圖飽滿，造境邃密，取各家風格而自出己意。本冊原十二開，著錄於《石渠寶笈三編》，民國時期被溥儀攜往東北，在流逸過程中失散，今存其中九開。後經民國實業家、書法家、文物鑒賞家馮恕和銀行家張重威鑒藏。

七月廿一
乙巳年

九月
September

12

FRIDAY
星期五

曹夔音（清）
法諸家山水冊（九開 · 局部）
冊頁 紙本水墨 23.2×29.3 厘米 ×9

曹夔音（清）

法諸家山水冊（九開 · 局部）

冊頁 紙本水墨 23.2×29.3 厘米 ×9

七月廿二
乙巳年

九月
September

13

SATURDAY 星期六

七月廿三
乙巳年

九月
September

14

SUNDAY

星期日

曹夔音（清）

法諸家山水冊（九開・局部）

冊頁 紙本水墨 23.2×29.3 厘米 ×9

七月廿四
乙巳年

九月
September

15

MONDAY 星期一

曹夔音（清）

法諸家山水冊（九開．局部）

冊頁 紙本水墨 23.2×29.3 厘米 ×9

七月廿五
乙巳年

九月
September

16

TUESDAY 星期二

曹夔音（清）

法諸家山水冊（九開．局部）

冊頁 紙本水墨 23.2×29.3 厘米 ×9

七月廿六
乙巳年

GUARDIAN ART CALENDAR 2025

九月
September
17
WEDNESDAY 星期三

曹夔音（清）
法諸家山水冊（九開・局部）
冊頁 紙本水墨 23.2×29.3 厘米 ×9

七月廿七
乙巳年

九月
September

18

THURSDAY 星期四

曹夔音（清）

法諸家山水冊（九開．局部）

冊頁 紙本水墨 23.2×29.3 厘米 ×9

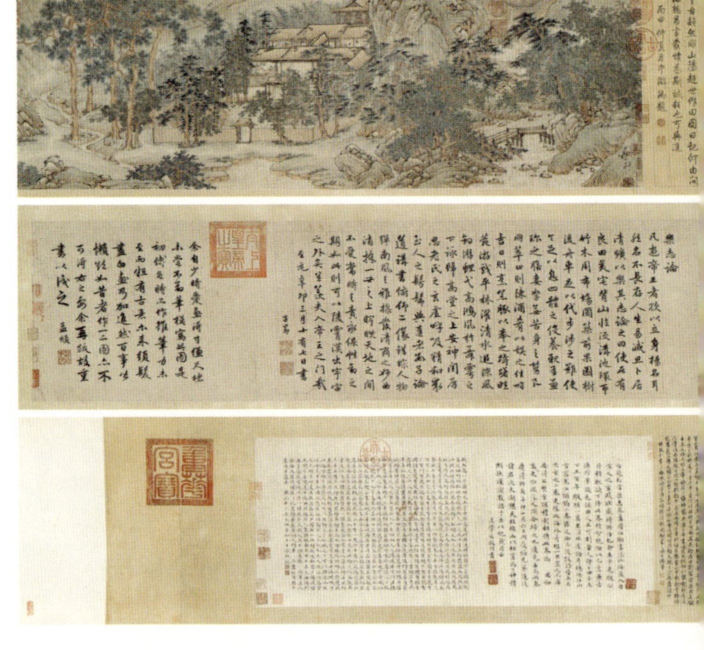

（傳）**趙孟頫**（1254—1322 年）

《樂志論》書畫合璧卷

手卷 紙本水墨、紙本設色 畫：27.3 × 153.3 厘米；書：27.3 × 99.1 厘米

中國嘉德（香港）2023 年春季拍賣會

成交價 HKD 42,930,000

七月廿八
乙巳年

九月
September

19

FRIDAY 星期五

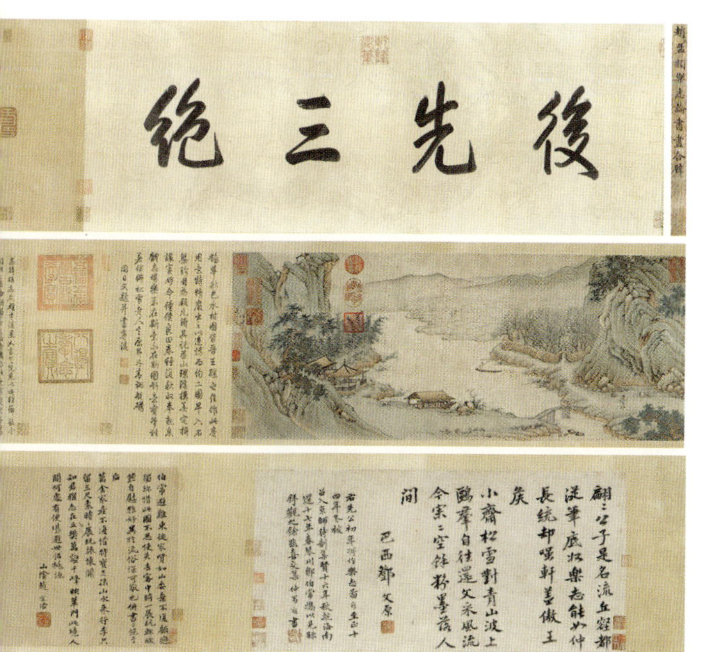

此卷以東漢仲長統《樂志論》中描寫的古代士大夫隱逸生活場景為題，畫面繁茂豐滿，清麗精工，是足以游目騁懷之佳作。後有小行書《樂志論》全文，書法圓潤，與畫堪稱雙美。卷後有鄧文原、文徵明、張照的詩跋題記。本卷為清宮舊藏，入《石渠寶笈續編》，得乾隆四次長題，又大書“後先三絕”四字引首，足見其珍愛。

(傳) **趙孟頫** (1254—1322年)

《樂志論》書畫合璧卷 (局部)

手卷 紙本水墨、紙本設色 畫：27.3×153.3厘米；書：27.3×99.1厘米

七月廿九
乙巳年

GUARDIAN ART CALENDAR 2025

九月
September

20

SATURDAY 星期六

（傳）**趙孟頫**（1254—1322 年）

《樂志論》書畫合璧卷（局部）

手卷 紙本水墨、紙本設色 畫：27.3×153.3 厘米；書：27.3×99.1 厘米

乙巳年

七月三十

九月

September

21

SUNDAY

星期日

（傳）**趙孟頫**（1254—1322年）

《樂志論》書畫合璧卷（局部）

手卷　紙本水墨、紙本設色　畫：27.3×153.3厘米；書：27.3×99.1厘米

下詠歸高堂之上安神閨房
思老氏之玄虛呼吸精和求
至人之髣髴與達者數子論
道講書俯仰二儀錯綜人物
彈南風之雅操發清商之妙曲
逍遙一世之上睥睨天地之間
不受當時之責永保性命之
期如此則可以陵霄漢出宇宙
之外矣豈羨夫入帝王之門哉
至元辛卯三月十有七日書
子昂

八月初一
乙巳年

GUARDIAN ART CALENDAR 2025

九月
September

22

MONDAY 星期一

樂志論

凡遊帝王者欲以立身揚名耳
往名不長存人生易滅且卜居
清曠以樂其志論之曰使居有
良田美宅背山臨流溝池環帀
竹木周布場圃築前果園樹
後舟車足以代步涉之難使
令足以息四體之役養親有兼
珍之膳妻孥無苦身之勞良
朋萃止則陳酒肴以娛之佳時
吉日則烹羔豚以奉之躊躇畦

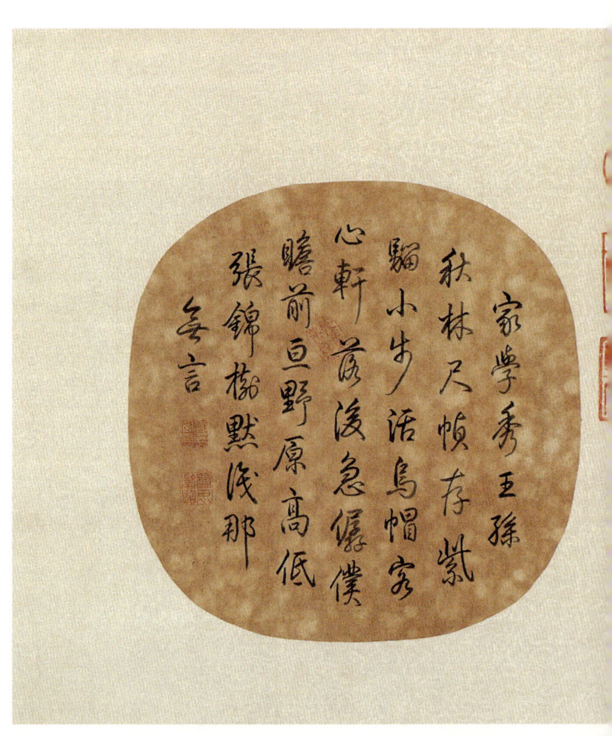

趙雍（1289—1361 年）

秋林獨騎

冊頁 絹本設色 25×24.5 厘米

中國嘉德 2005 年秋季拍賣會
成交價 RMB 1,111,000

八月初二
乙巳年

秋分

九月
September

23

TUESDAY 星期二

此頁人馬綫描勁挺，筆到形具，人物一抹紅衣，乃點睛之筆。據《石渠寶笈續編》載，此頁原應為《烟雲集繪》冊之第四冊第六幅。《烟雲集繪》共四冊，收展子虔、李思訓、趙孟頫等歷代名跡，全冊鈐《石渠寶笈續編》之“八璽”全。整冊已散落，雖本頁未見《石渠寶笈》璽印，然乾隆帝諸璽、御筆俱在。

八月初三
乙巳年

九月
September

24

WEDNESDAY 星期三

趙雍（1289—1361 年）
秋林獨騎（局部）
冊頁 絹本設色 25 × 24.5 厘米

乾隆帝（1711—1799 年）

御書《妙法蓮華經》（三十六開 · 部分）

冊頁 紙本水墨 1754 年作 28.5 × 26.5 厘米 × 36

中國嘉德 2011 年春季拍賣會

成交價 RMB 55,775,000

八月初四
乙巳年

九月
September

25

THURSDAY　星期四

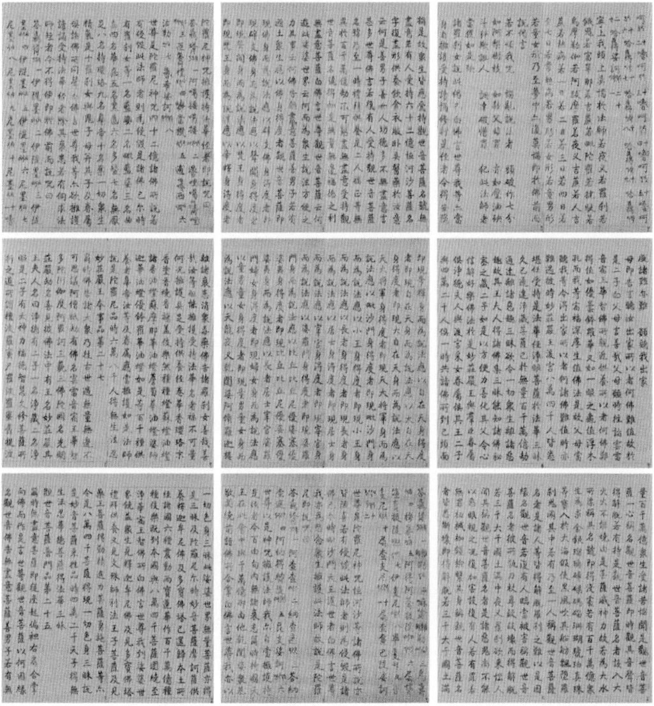

乾隆帝信奉佛教，勤政之餘，每手抄佛經以示誠篤。《秘殿珠林》著錄其從登基起手寫的《心經》不下700冊，長達萬餘言的《妙法蓮華經》，他亦先後抄過六部，此冊便為其中之一，著錄於《秘殿珠林續編》。此冊共“折裝七冊”，本品為第七冊，在抄寫之前，乾隆帝對經文做了詳實的考據校勘工作，並對此“校譯本”甚為自得，將其鈎摹鐫刻於甕石玉泉之羅漢洞。

乾隆帝 (1711—1799 年)

御書《妙法蓮華經》(三十六開 · 部分)

冊頁 紙本水墨 1754 年作 28.5×26.5 厘米 ×36

乙巳年 八月初五

GUARDIAN ART CALENDAR 2025

九月
September

26

FRIDAY 星期五

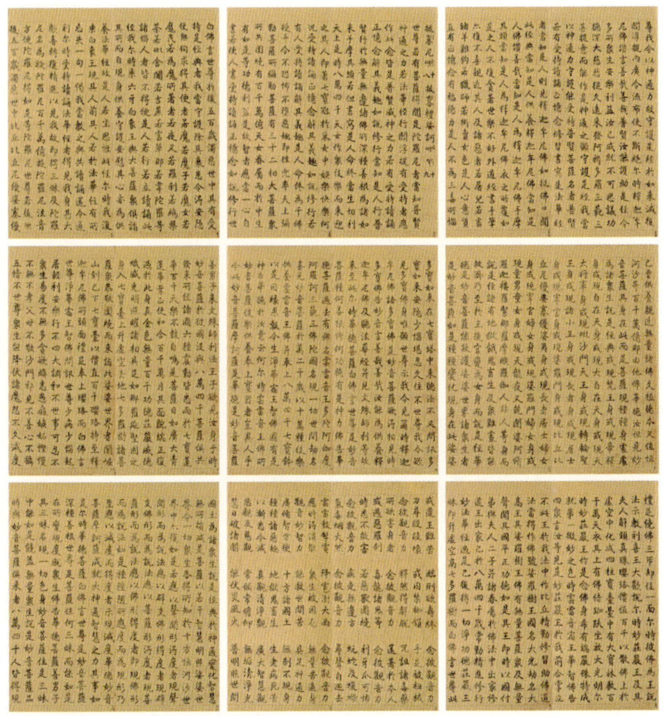

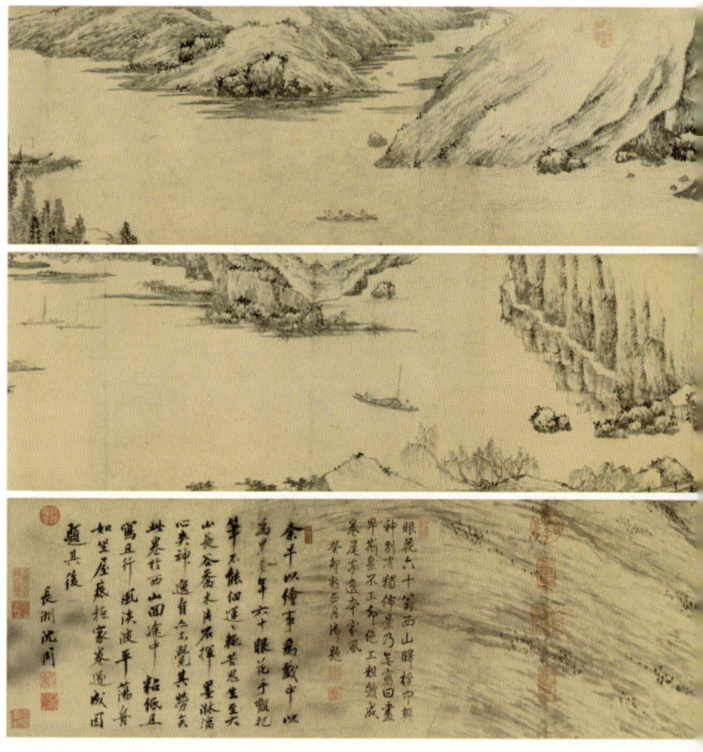

沈周（1427—1509 年）

山水卷

手卷　紙本水墨　1486 年作　33 × 586 厘米

中國嘉德 2002 年春季拍賣會
成交價 RMB 2,200,000

乙巳年

八月初六

九月

September

27

SATURDAY 星期六

此卷為沈周於西山歸途中，繪沿途兩岸景色。泛舟江渚之上，且寫且行，抵家始成，頗具文人雅趣。畫面筆墨淋漓，為“粗沈”一路風格。畫家自題云：“今年六十，眼花手顫，把筆不能細運……揮墨淋漓，心爽神逸，自亦不覺其勞矣。”可見是其晚年成熟之作。本卷明末清初曾經李魯生收藏，後入清內府，貯寧壽宮，錄入《石渠寶笈續編》。

乙巳年
八月初七

GUARDIAN ART CALENDAR 2025

九月
September
28
SUNDAY
星期日

沈周（1427—1509年）
山水卷（局部）
手卷 紙本水墨 1486年作 33×586厘米

沈周（1427—1509 年）

山水卷（局部）

手卷　紙本水墨　1486 年作　33×586 厘米

八月初八
乙巳年

九月
September

29

MONDAY
星期一

八月初九
乙巳年

九月
September

30

TUESDAY 星期二

沈周（1427—1509年）

山水卷（局部）

手卷 紙本水墨 1486年作 33×586厘米

10
OCTOBER

九如圖
天保荅君小雅載六
章遞以九如歌侍臣
豈貴祝釐頌寓物由
來紀亦多
丙午初冬御題

乙巳年 八月初十

*國慶節

十月
October

1

WEDNESDAY 星期三

錢維城 (1720—1772 年)

九如圖

立軸 紙本設色 126×50 厘米

中國嘉德 2000 年春季拍賣會
成交價 RMB 1,540,000

此軸乃錢維城臨董其昌《九如圖》而作。“九如”典出《詩經》，寓意福壽無疆。此作以彎曲之形構置崇山峻嶺，氤氳朝霧中可見一輪紅日東升。畫中意向皆由“天保九如”詩意構思，縈繞祥瑞富貴之氣。樹石畫法及中鋒含蓄的細筆、淡墨勾皴的綫條，有董其昌遺韻，然更趨縝密的用筆和青綠、赭石設色，又顯現出其自身風格。此軸經《石渠寶笈三編》著錄。

張得天行書立幅　稚厂題籤

天伏三庚永晝閑六月
渲深深層陰暑疊疊簟
含霜相應事揮紈扇無勞
問蔗漿冰壺供坐臥樂
意自相忘

廣廈冰壺

御製詩

張照恭書

八月十一
乙巳年

十月
October

2

THURSDAY 星期四

張照 (1691—1745 年)

行書御製詩

冊頁 紙本水墨 98.5 × 62.5 厘米

中國嘉德(香港)2013 年秋季拍賣會
成交價 HKD 4,715,000

張照是清早期詞臣,作為康雍乾時期帖學的代表人物,張照的書法才學深得三朝帝王肯定,為"館閣體"代表書家。乾隆皇帝對其書法尤其鍾愛,不少"御書"匾額和書畫題跋多由其代筆。此作以羊毫飽墨,寫乾隆御製詩一首。結體嚴密,氣力內斂,墨飽筆酣,得米芾雄渾氣象,而偶露董其昌之逸宕。此作經《石渠寶笈續編》著錄。

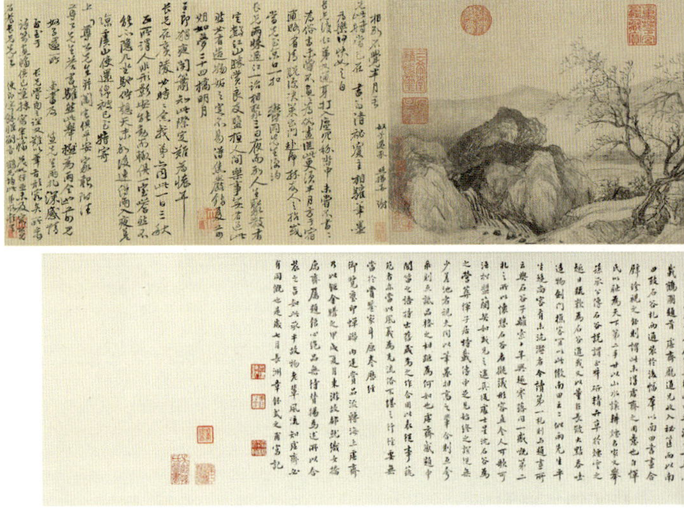

惲壽平 (1633—1690 年)

載鶴圖

手卷 紙本水墨 畫：22 × 93.5 厘米；書：21.5 × 85.5 厘米

中國嘉德 2008 年春季拍賣會

成交價 RMB 36,960,000

乙巳年 八月十二

十月 October

3

FRIDAY 星期五

惲壽平對唐寅推崇之甚，此卷樹石造型及瘦勁用筆都取法唐寅，然濕潤空靈的江南氣息和溫婉恬靜的書卷趣味，則是惲壽平自家風貌。畫端有王翬一段題跋，惲畫王題彌足珍貴。卷後另有惲壽平寫給王翬的二通長信，其書俊美，不僅彌補前圖沒有落款的缺憾，更添考證二人友誼的資料。此卷曾著錄於《石渠寶笈續編》，後為龐元濟、孫伯淵收藏。

惲壽平（1633—1690 年）

載鶴圖（局部）

手卷 紙本水墨 畫：22 × 93.5 厘米；書：21.5 × 85.5 厘米

八月十三
乙巳年

十月
October

4

SATURDAY 星期六

今春凡三四東裝俱爲事累所束縛已閏北郭
好事者韓氏設書幣相招知
石谷不可卻此間有正務在知 石谷定能卻
也 石谷既來矣把臂有期矣而正務方苦逋糧
日與賤吏胥爲緣望虞山若在雲漢之表非
僊人御泠風乘飛龍斷不能至桃源間郎弱
水秦人舟至遭廻風處以弟已久墜泥中
雖鑽皮不能出其羽爲一擲
石谷來時未知何以洗刷我而俾我通靈使脩
照雲霞段舉乎風便附 訊傾仔 西棹
尊甫先生寶深愛篤之感過庭時希叱名

同學小弟棘人格頓首

石谷先生道長兄 沖

乙巳年

八月十四

十月

October

5

SUNDAY

星期日

惲壽平（1633—1690 年）

載鶴圖（局部）

手卷　紙本水墨　畫：22 × 93.5 厘米；書：21.5 × 85.5 厘米

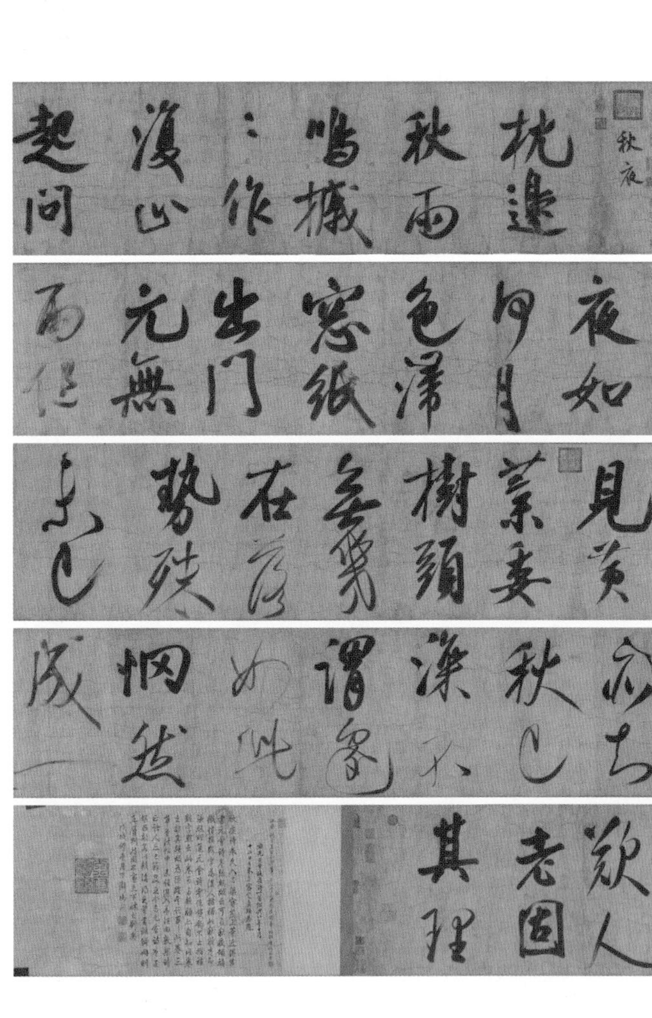

乙巳年
八月十五

*中秋節

十月
October

6

MONDAY
星期一

米芾（款）（1051—1107 年）

行書《秋夜》

手卷 紙本水墨 45×768.5 厘米

中國嘉德 2006 年秋季拍賣會
成交價 RMB 1,650,000

此卷為張照進呈乾隆帝，著錄於《石渠寶笈初編》，定為上等。細閱全卷，有些字體光板拘刻，似出勾描；有些字則書寫流利，飛白自然，當非摹拓。有些字結體絕似米芾書，而略欠沉雄；有些字越出米格，卻氣宇自暢。包首用金絲織成，當是宮廷舊裝，卷後有乾隆帝長篇題跋。本卷曾經黃琳收藏，黃琳為明早中期時著名鑒藏家，目力極精。

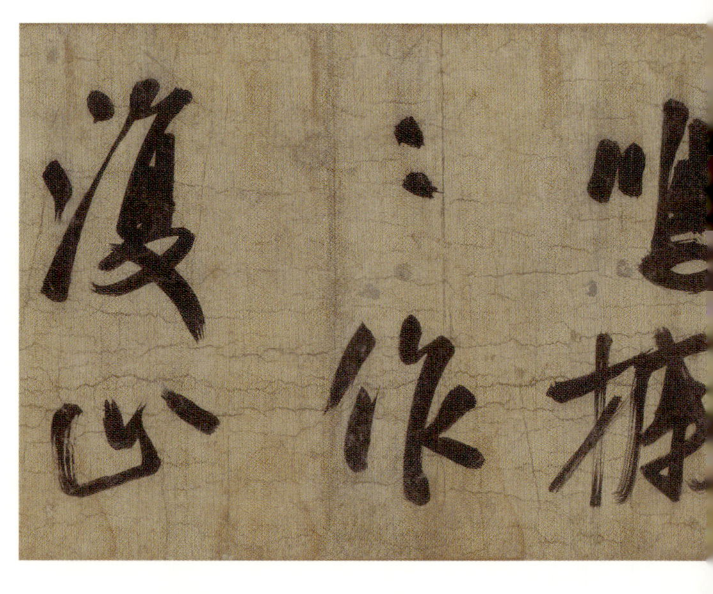

米芾（款）（1051—1107 年）

行書《秋夜》（局部）

手卷　紙本水墨　45×768.5 厘米

八月十六
乙巳年

十月
October

7

TUESDAY
星期二

米芾（款）（1051—1107 年）

行書《秋夜》（局部）

手卷　紙本水墨　45×768.5 厘米

乙巳年八月十七

寒露

十月

October

8

WEDNESDAY 星期三

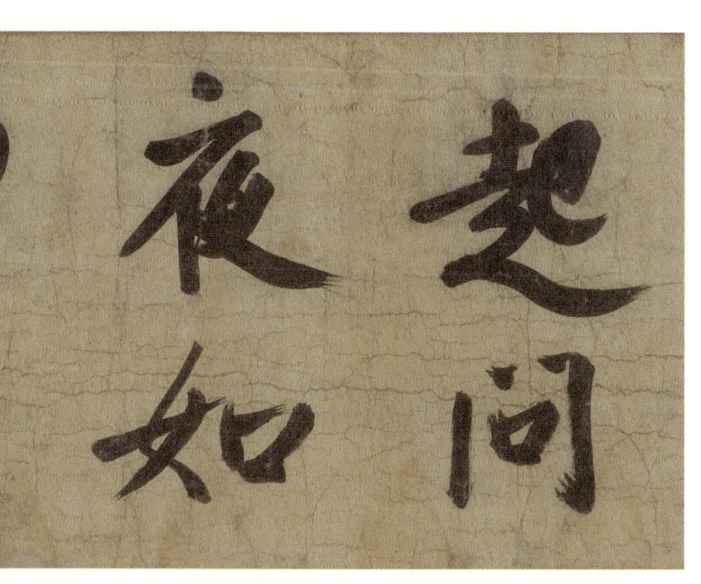

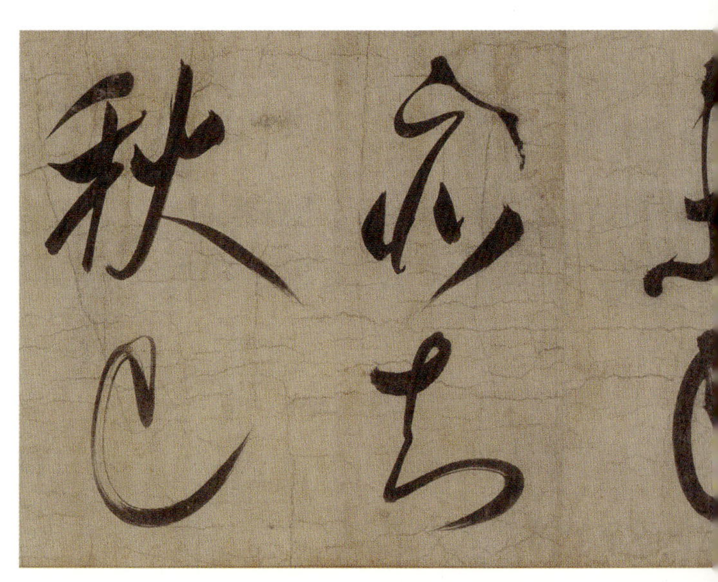

米芾（款）（1051—1107 年）

行書《秋夜》（局部）

手卷 紙本水墨 45×768.5 厘米

八月十八
乙巳年

GUARDIAN ART CALENDAR 2025

十月
October

9

THURSDAY 星期四

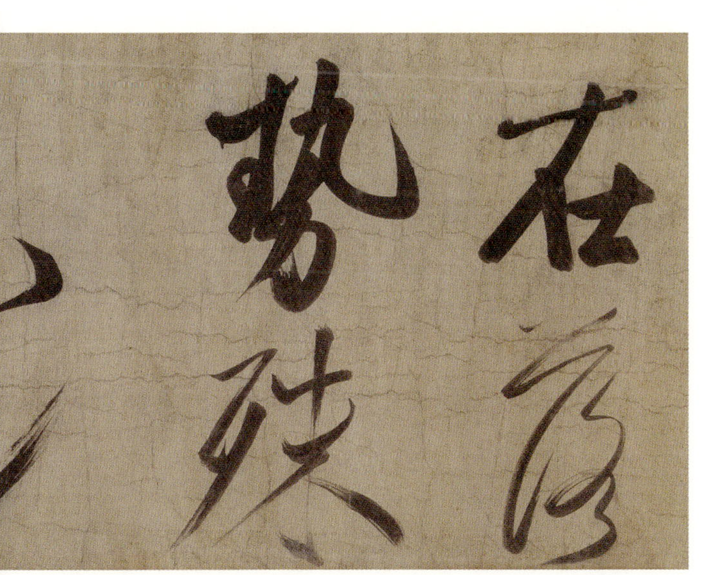

秋夜詩卷久入石渠寶笈上等近得芾
書元會詩卷張照跋云可與秋夜頡頏
徵借損數字為後人描補此秋夜卷即
張照所進元會詩實係雙鈎不止描補
數字照云此卷可與頡頏亦自知此卷
之非真蹟姑為隱躍其詞耳此卷三
希堂法帖中未經選入汪由敦梁詩
正諸人亦已辨及之今與元會詩卷正
堪匹敵並以較後得之芾書離騷冊則
真贋判然固不啻上下牀之别矣
戊戌仲冬月下澣御識

乙巳年 八月十九

十月 October

10

FRIDAY 星期五

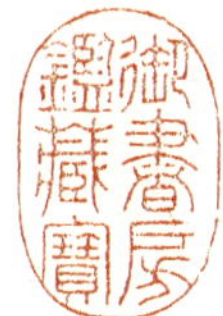

米芾（款）（1051—1107年）

行書《秋夜》（局部・印鑒）

手卷 紙本水墨 45×768.5厘米

乙巳年 八月二十

十月
October

11

SATURDAY 星期六

蔣廷錫 (1669—1732 年)

仿宋人勾染圖冊 (十二開)

冊頁 絹本水墨 26.8×23 厘米 ×12

中國嘉德 2012 年春季拍賣會
成交價 RMB 21,850,000

中國嘉德 2023 年秋季拍賣會
成交價 RMB 21,275,000

此冊以墨色勾染折枝花12種，在對植物形象準確描繪的基礎上，兼顧淡然天真的藝術追求，頗具文人氣韻。全冊純以水墨表現植物的自然形態，在畫法上因花卉形象的不同而有所區分，展現了畫家對水墨的嫻熟運用。蔣廷錫另作《仿宋人設色圖冊》，兩冊皆著錄於《石渠寶笈初編》同一卷，藏於御書房，後為定郡王載銓藏品，近代為吳普心所藏。

蔣廷錫 (1669—1732 年)

仿宋人勾染圖冊 (十二開 · 局部)

冊頁 絹本水墨 26.8×23 厘米 ×12

八月廿一

乙巳年

十月

October

12

SUNDAY

星期日

蔣廷錫 (1669—1732年)

仿宋人勾染圖冊 (十二開 · 局部)

冊頁 絹本水墨 26.8×23 厘米 ×12

八月廿二
乙巳年

十月
October

13

MONDAY
星期一

八月廿三
乙巳年

GUARDIAN ART CALENDAR 2025

十月
October

14

TUESDAY 星期二

蔣廷錫 (1669—1732 年)

仿宋人勾染圖冊 (十二開 · 局部)

冊頁 絹本水墨 26.8×23 厘米 ×12

蔣廷錫 (1669—1732 年)

仿宋人勾染圖冊（十二開 · 局部）

冊頁 絹本水墨 26.8×23 厘米 ×12

八月廿四
乙巳年

十月
October

15

WEDNESDAY 星期三

乙巳年

八月廿五

十月

October

16

THURSDAY 星期四

蔣廷錫（1669—1732年）

仿宋人勾染圖冊（十二開・局部）

冊頁 絹本水墨 26.8×23 厘米 ×12

蔣廷錫（1669—1732 年）

仿宋人勾染圖冊（十二開 · 局部）

冊頁 絹本水墨 26.8×23 厘米 ×12

八月廿六
乙巳年

十月
October

17

FRIDAY

星期五

蔣廷錫（1669—1732 年）

仿宋人勾染圖冊（十二開 · 局部）

冊頁 絹本水墨 26.8×23 厘米 ×12

乙巳年 八月廿七

十月
October

18

SATURDAY 星期六

蔣廷錫 (1669—1732年)

仿宋人勾染圖冊 (十二開・局部)

冊頁 絹本水墨 26.8×23 厘米 ×12

乙巳年

八月廿八

十月

October

19

SUNDAY

星期日

乙巳年
八月廿九

GUARDIAN ART CALENDAR 2025

十月
October

20

MONDAY

星期一

蔣廷錫（1669—1732 年）

仿宋人勾染圖冊（十二開 · 局部）

冊頁 絹本水墨 26.8×23 厘米 ×12

蔣廷錫（1669—1732 年）

仿宋人勾染圖冊（十二開 · 局部）

冊頁 絹本水墨 26.8×23 厘米 ×12

乙巳年

九月初一

十月

October

21

TUESDAY 星期二

九月初二
乙巳年

十月
October

22

WEDNESDAY 星期三

蔣廷錫（1669—1732 年）

仿宋人勾染圖冊（十二開 · 局部）

冊頁 絹本水墨 26.8×23 厘米 ×12

董其昌 (1555—1636 年)

採菊望山圖書畫合璧

手卷 絹本設色 30.8 × 164.1 厘米

中國嘉德 2003 年秋季拍賣會

成交價 RMB 7,810,000

九月初三

乙巳年

霜降

十月

October

23

THURSDAY 星期四

此卷以陶淵明詩《飲酒》為主題而作。董其昌自題曾藏有王蒙所畫《樂志論》《淵明詩採菊圖》二卷，後以之換取江貫道《江居圖》，然仍對二卷念念不忘，遂憑記憶作本卷。可以看出，董其昌作此卷並非藝術創作上的追求，更多的是對隱逸生活的嚮往。此卷曾經勵宗萬等多位鑒藏家遞藏，入清內府後藏於寧壽宮，有乾隆帝御題詩，並入《石渠寶笈續編》。

董其昌（1555—1636 年）

採菊望山圖書畫合璧（局部）

手卷　絹本設色　30.8×164.1 厘米

九月初四
乙巳年

十月
October

24

FRIDAY

星期五

蘇軾墨竹
逸品上上
天府秘玩

乙巳年
九月初五

GUARDIAN ART CALENDAR 2025

十月
October

25

SATURDAY 星期六

（款）**蘇軾**（1037—1101年）

墨竹圖

立軸 紙本設色 1088年作 97.8×42.6厘米

中國嘉德 2005 年秋季拍賣會
成交價 RMB 880,000

此軸落款為蘇軾創作，與歷史上記載蘇軾繪畫的風格基本吻合，反映出蘇軾畫竹“不分節”“不求形似”“逸筆草草”的特點。竹葉以書法筆法寫就，長短闊狹，姿態各異，點出竹葉在風中微微搖曳之姿。蘇軾倡導文人畫，強調詩畫一律，以書入畫，追求得意忘形，本軸所呈現的意境與蘇軾所倡導的文人畫思想高度吻合。此軸經《石渠寶笈續編》著錄。

（傳）**黃公望**（1269—1354 年）

溪山勝景（六開）

冊頁 紙本設色 37×85 厘米 ×6

中國嘉德 2013 年秋季拍賣會

成交價 RMB 6,900,000

九月初六
乙巳年

十月
October

26

SUNDAY
星期日

元人作成套冊頁流傳甚少，此冊題“大痴”款，難得一見。全冊構圖嚴整，筆墨從容，清麗淡遠，用筆與故宮博物院藏黃公望《天池石壁》相近，每開有王以銜楷書錄御題詩一首。原作散出宮後有缺頁，然嘉慶帝及《石渠寶笈三編》諸璽印俱在，可證其為清宮舊藏。此冊曾經安岐、董誥遞藏，曾入存故宮博物院。

(傳) 黃公望 (1269—1354 年)

溪山勝景 (六開 · 局部)

冊頁 紙本設色 37×85 厘米 ×6

九月初七
乙巳年

十月
October

27

MONDAY 星期一

(傳) **黃公望** (1269—1354 年)

溪山勝景 (六開 · 局部)

冊頁 紙本設色 37×85 厘米 ×6

乙巳年

九月初八

十月

October

28

TUESDAY

星期二

（傳）黃公望（1269—1354 年）

溪山勝景（六開・局部）

冊頁 紙本設色 37×85 厘米 ×6

十月

October

29

WEDNESDAY 星期三

*重陽節

九月初九

乙巳年

(傳) **黃公望** (1269—1354 年)

溪山勝景 (六開 · 局部)

冊頁 紙本設色 37×85 厘米 ×6

九月初十
乙巳年

十月
October

30

THURSDAY 星期四

九月十一
乙巳年

十月
October

31

FRIDAY 星期五

(傳) 黃公望 (1269—1354 年)

溪山勝景 (六開 · 局部)

冊頁 紙本設色 37×85 厘米 ×6

11
NOVEMBER

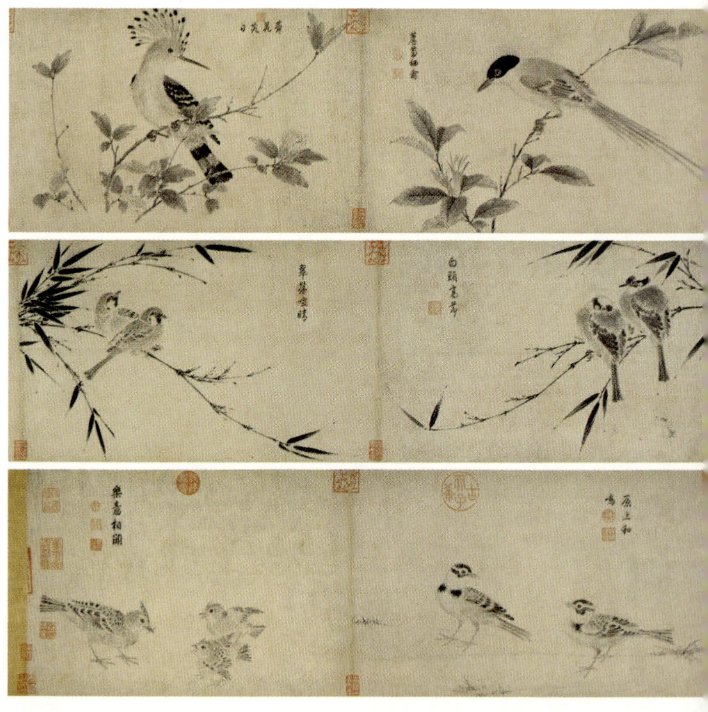

宋徽宗 (1082—1135 年)

寫生珍禽圖

手卷 紙本水墨 27.5 × 521.5 厘米

中國嘉德 2002 年春季拍賣會
成交價 RMB 25,300,000

乙巳年 九月十二

十一月

November

1

SATURDAY 星期六

此卷是宋徽宗寫生花鳥畫的典範之作，全卷以水墨繪12種禽鳥花竹，筆調樸質簡逸，禽鳥、花木形神兼備，透露出一種雍容文雅之氣。卷首鈐宋徽宗政和、宣和璽，雙龍璽鈐於每段合縫處，並有清代安岐收藏印多方。乾隆帝更是鈐蓋印璽20餘方，題跋12次，並將其著錄於《石渠寶笈初編》，列為上等，爾後又經張珩、徐邦達、謝稚柳等寓目。

乙巳年
九月十三

十一月
November

2

SUNDAY
星期日

宋徽宗（1082—1135 年）

寫生珍禽圖（局部）

手卷 紙本水墨 27.5×521.5 厘米

宋徽宗 (1082—1135 年)

寫生珍禽圖 (局部)

手卷 紙本水墨 27.5 × 521.5 厘米

乙巳年
九月十四

十一月
November

3

MONDAY
星期一

九月十五
乙巳年

GUARDIAN ART CALENDAR 2025

十一月
November

4

TUESDAY
星期二

宋徽宗（1082—1135年）
寫生珍禽圖（局部）
手卷　紙本水墨　27.5×521.5厘米

乙巳年

九月十六

十一月

November

5

WEDNESDAY 星期三

宋徽宗 (1082—1135年)

寫生珍禽圖 (局部)

手卷　紙本水墨　27.5×521.5厘米

蜀信

蜀信連番皆剿賊龍安隣水剪屠邪據勒保奏藍白黃三號賊匪由龍安劇趙戴竹埡口被我兵截為兩段殲斃三四百名活擒一百四十三名割獲首級內認出襄陽賊目李掌櫃張進才二名投出難民八百七十五名口賊由濮水河蒐家垻奔逸竄處距甘肅之文縣不遠已飛札知會廣厚兩面夾擊以期一鼓殲除又據德楞泰奏督兵追剿藍號賊匪由濟水冒雨進發至七乳溪山梁從上壓下殲賊數百名棄械投出者三百二十六名生擒一千一百七十餘名口訊出賊害大竹縣知縣之偽軍師何上達凌遲致祭以慰忠魂分遣被擄男婦一千三十七名口各使歸業現在先將江岸鄰清餘賊不難掃蕩矣

聞風逃遁誠堪恨冒雨攻圍實可嘉罹刲總由予德薄除災敬籲昊恩加五年無一日寧靜東望裕陵增痛嗟我皇考自去年正月三日業已升天攀號不及苦心辦賊以酬厚恩各路雖有捷獲終未能淨根株愧為天下之主日視百姓流離顛沛死亡困苦莫能救護上無以報皇考恩下何顏對臣庶豈非天地間一罪人乎誓欲竭盡心血必欲平定三省之邪衆為五年以來陣亡之官軍鄉勇伸此冤憤斷不中道而止書此數言誌吾沉痛

嘉慶庚申五月朔日御製

乙巳年 九月十七

十一月
November

6

THURSDAY 星期四

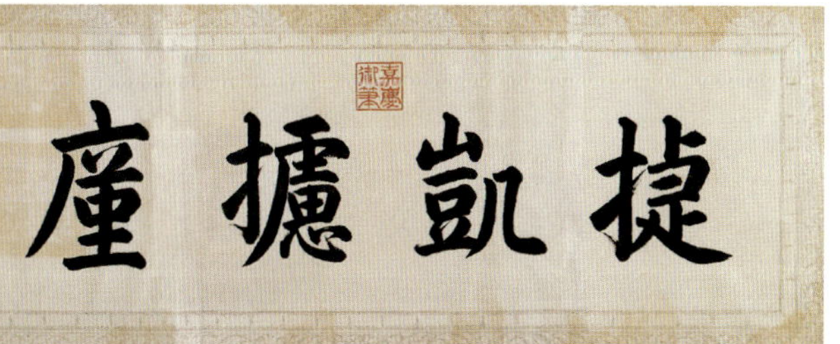

趙秉沖 (清)

嘉慶帝御製蜀信詩

手卷 紙本水墨 1800 年作 35.5×95.5 厘米

中國嘉德 2001 年春季拍賣會
未成交

趙秉沖書精各體，精研金石之學。此卷除引首“捷凱攄廑”四字為嘉慶帝御筆外，餘皆由趙秉沖奉敕執筆，書寫於橘紅描金雲龍蠟箋紙上。結字工整，法度森嚴，為典型“館閣體”書風。作品前半段錄嘉慶帝御製詩文，並詳記滅白蓮教事件始末，後半段錄永璇、永瑆、慶桂、董誥等十餘位王公大臣恭和詩，具有重要的史料價值。本卷經《石渠寶笈三編》著錄。

堪恨冒雨攻圍實可嘉羅刲總由
予德薄除災敬籲
昊恩加五年無一日寧靜東望
裕陵增痛嗟我
考自去年正月三日棄兒升
天攀號不及苦心辦賊以酬
厚恩各路雖有俘獲終未能淨根
株愧為天下之主日視百姓流離
顛沛死亡困苦莫能救援上無以
報
考恩下何顏對臣庶豈非
天地間一罪人乎誓欲竭盡心血
必欲平定三省之邪衆為五年以
来陣亡之官軍鄉勇伸此冤憤斷
不中道而立書此
數言誌吾沉痛
嘉慶庚申五月朔日御製

趙秉沖（清）

嘉慶帝御製蜀信詩（局部）

手卷　紙本水墨　1800 年作　35.5 × 95.5 厘米

九月十八
乙巳年

立冬

十一月
November

7

FRIDAY
星期五

蜀信

蜀信連番皆剿賊龍安隣水剪羣邪

據勒保奏藍白黃三號賊匪由龍安翻越紫竹埡口被我兵截為兩股殲斃三四百名活擒一百四十三名割獲首級內認出襄陽賊目李掌櫃張進才二名投出難民八百七十五名口賊由讓水河范家垻奔逸該處距甘省之文縣不遠已飛札知會廣厚兩面夾擊以期一鼓殲除又據德楞泰奏稱兵追剿藍號賊匪由隣水冒雨進發至七孔溪山梁從上壓下斃賊數百名棄械投出者三百二十六名生擒一千一百七十餘名口訊出戕害大竹縣知縣之偽軍師何上達凌遲致祭以慰忠魂分遣被擄男婦一千三十七名口各使歸

九月十九
乙巳年

十一月
November

8

SATURDAY 星期六

陳繼儒 (1558—1639 年)

雲岩蕭寺圖

立軸 紙本水墨 1622 年作 141.5 × 57 厘米

中國嘉德 2019 年春季拍賣會
未成交

陳繼儒作品存世不多，繪畫更為稀罕。《石渠寶笈》著錄者有四件，其中山水兩件，此作即其一，著錄於《石渠寶笈續編》。曾藏重華宮，八璽俱全，彌足珍稀。此軸繪幽谷洞壑，溪流曲折從洞中流出，其上一峰崛起，山勢陡危，山間雲湧樹密，有草屋半露於茂林深處。樹用米家渾點法，崗嶺山石則用中鋒屈折寫出，頓挫勁硬。復以或乾或濕之筆略皴擦，與同期諸家神味有別。

九月二十
乙巳年

十一月
November

9

SUNDAY
星期日

陳繼儒（1558—1639 年）
雲岩蕭寺圖（局部）
立軸　紙本水墨　1622 年作　141.5 × 57 厘米

董邦達（1696—1769 年）

袖珍山水冊（二冊二十開）

冊頁 紙本設色 8.8×12.6 厘米 ×20

中國嘉德 2011 年春季拍賣會

成交價 RMB 10,350,000

中國嘉德 2013 年春季拍賣會

成交價 RMB 7,475,000

乙巳年 九月廿一

十一月 November

10

MONDAY 星期一

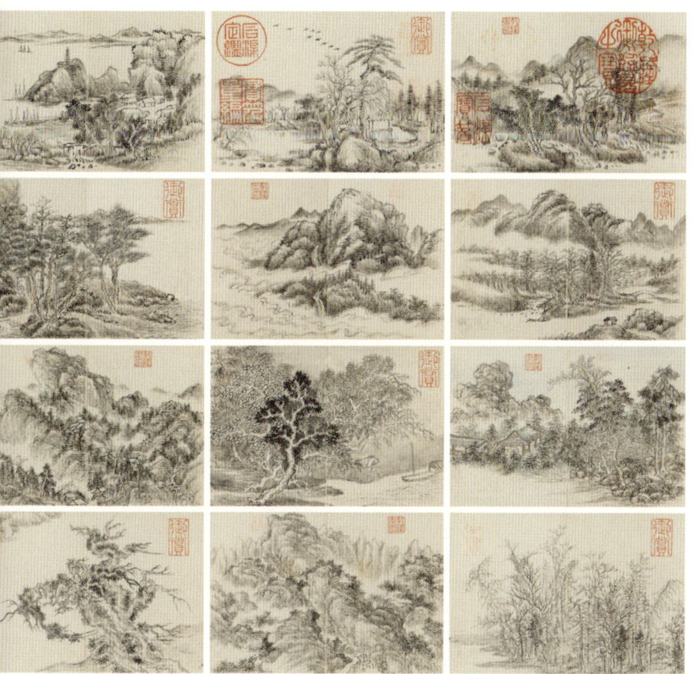

據《石渠寶笈續編》著錄，本品原共計兩冊，每冊十二開，共計四十八開，冊前乾隆御題“置丘壑中”“特妙風格”“逸趣有餘”“意出塵外”標題。本品皆小景，山莊水村，竹塢鬆谷，似為紀遊之作。畫筆鬆秀蒼潤，雖大不盈掌，卻十分用意，應是奉敕進呈之作。此類袖珍卷冊，出行時便於攜帶以隨時觀賞，深受乾隆帝喜愛。本品曾經為張學良舊藏。

乙巳年

九月廿二

GUARDIAN ART CALENDAR 2025

十一月

November

11

TUESDAY

星期二

董邦達（1696—1769年）

袖珍山水冊（二冊二十開・局部）

冊頁 紙本設色 8.8×12.6厘米 ×20

董邦達（1696—1769 年）

袖珍山水冊（二冊二十開 · 局部）

冊頁 紙本設色 8.8 × 12.6 厘米 × 20

乙巳年 九月廿三

十一月
November

12

WEDNESDAY 星期三

董邦達（1696—1769 年）

袖珍山水冊（二冊二十開 · 局部）

冊頁 紙本設色 8.8×12.6 厘米 ×20

九月廿四
乙巳年

十一月
November

13

THURSDAY 星期四

九月廿五
乙巳年

十一月
November

14

FRIDAY
星期五

董邦達（1696—1769年）
袖珍山水冊（二冊二十開 · 局部）
冊頁 紙本設色 8.8×12.6 厘米 ×20

乙巳年
九月廿六

GUARDIAN ART CALENDAR 2025

十一月
November
15

SATURDAY 星期六

董邦達 (1696—1769 年)
袖珍山水冊 (二冊二十開 · 局部)
冊頁 紙本設色 8.8 × 12.6 厘米 × 20

董邦達（1696—1769年）

袖珍山水冊（二冊二十開 · 局部）

冊頁 紙本設色 8.8×12.6厘米 ×20

乙巳年

九月廿七

GUARDIAN ART CALENDAR 2025

十一月

November

16

SUNDAY

星期日

九月廿八
乙巳年

GUARDIAN ART CALENDAR 2025

十一月
November

17

MONDAY
星期一

董邦達（1696—1769 年）
袖珍山水冊（二冊二十開 · 局部）
冊頁 紙本設色 8.8×12.6 厘米 ×20

董邦達（1696—1769年）

袖珍山水冊（二冊二十開・局部）

冊頁　紙本設色　8.8×12.6 厘米　×20

乙巳年
九月廿九

十一月
November

18

TUESDAY 星期二

九月三十
乙巳年

十一月
November

19

WEDNESDAY 星期三

董邦達（1696—1769年）
袖珍山水冊（二冊二十開・局部）
冊頁 紙本設色 8.8×12.6厘米 ×20

董邦達（1696—1769 年）

袖珍山水冊（二冊二十開 · 局部）

冊頁 紙本設色 8.8×12.6 厘米 ×20

十月初一
乙巳年

十一月
November

20

THURSDAY 星期四

乙巳年

十月初二

GUARDIAN ART CALENDAR 2025

十一月 November

21

FRIDAY 星期五

董邦達（1696—1769年）

袖珍山水冊（二冊二十開・局部）

冊頁 紙本設色 8.8×12.6厘米 ×20

十月初三
乙巳年

小雪

GUARDIAN ART CALENDAR 2025

十一月
November
22

SATURDAY 星期六

張宗蒼 (1686—1756 年)

雪獅聯句圖

立軸 紙本設色 1752 年作 173×111 厘米

中國嘉德 1999 年春季拍賣會
RMB 1,078,000

張宗蒼供奉清內廷時間不長，卻留下不少作品，僅《石渠寶笈》著錄者就達百餘件。此軸以乾隆帝《雪獅聯句》詩文立意，用筆沉着，設色雅致。山石以乾筆勾勒，輔以淡墨皴擦，山川清朗而林木葱鬱。前景一尊石獅在初雪籠罩下更顯晶瑩玉質，生拙有趣。其後由紅柱、紅窗與琉璃瓦構成的建築，賦予畫面富貴祥瑞的皇家氣度。本軸經《石渠寶笈續編》著錄。

如何不正黃占吉辟邪誠脩德
空瓊島凝天骨蹲踞寒坪閃劍鋩
史直白毫淺色似針秧康居珍遠留
坊詎可擾馴因號國臣冰世館略施搏
何緣別白澤貞符尚可詳皓體忽
曾並來蹄勒六出剛欣舞載陽奚
年儘見千門戩職賦無勞萬里航
梁正貌來烏弋重評量靈通手戾嗤
糖釦砌糚成偕獸舞臣蔣溥玉墀攤
拋毬引堁爾無妨擲戟搶氣喋反
獅勇供人弄卻避蝗垂兆歲穰乍
牙一一排銀爛鉤爪森森浴鐵強
淥涂形鹽端可傲琅霜出林有勢平
攘華薩七毫原是夢臣江由敦粹迦五
彭亨腹觸佞常留潔白腸瓊苑高
含怒看首尾善吼色空演幻常搏
不紈剪西睬罽騎出奴翢假面涼
曼殊座冷不飛香珠垂瓔珞留
床烟罩化為藏霧豹臣嵩壽月朦認
木深巷掃徑新堆集廣場天闢分
中遊隃騰迅矽尾猶貔閃灼光砌

十月初四
乙巳年

十一月
November

23

SUNDAY
星期日

張宗蒼 (1686—1756 年)

雪獅聯句圖 (局部)

立軸 紙本設色 1752 年作 173×111 厘米

十月初五
乙巳年

十一月
November

24

MONDAY
星期一

張宗蒼（1686—1756 年）
雪獅聯句圖（局部）
立軸 紙本設色 1752 年作 173×111 厘米

海賦

昔在帝媯巨唐之世天綱浡潏為
汗萬里無際長波凋為瘵洪濤瀾
涾㴸迆涎八裔於是乎禹也乃鏟
臨崖之阜陸決陂潢而相沃啟龍
門之岝嶺墾陵巒而嶄鑿羣山既
略百川潛渫泱漭澹濘騰波赴勢

江河既導萬穴俱流掎拔五嶽竭
涸九州瀝滴滲淫薈蔚雲霧涓流
泱瀼莫不來注於廓靈海長為委
輸其為廣也其為怪也宜其為大
也爾其為狀也則乃浟湙瀲灩浮
天無岸浺瀜沆瀁渺瀰湠漫波如
連山乍合乍散噓噏百川洗滌淮
漢襄陵廣舃膠盭浩汗若乃大明

摭轡於金樞之穴翔陽逸駭於扶
桑之津彯沙礐石蕩颾島濱於是
鼓怒溢浪揚浮更相觸搏飛沫起
濤狀如天輪膠戾而激轉又似地
軸挺拔而爭迴岑嶺飛騰而反覆
五嶽鼓舞而相磓㵯濆淪而滀漯
鬱沏迭而隆頹盤盓激而成窟㵫
濟而為魁㶁泊柏而迆颺磊匒匌

合而相豗驚浪雷奔駭水迸集開
合解會瀼瀼濕濕葩華踧沑頩泞
潗㴫若乃霾曀潛銷莫振莫竦輕
塵不飛纖蘿不動猶尚呀呷餘波
獨涌澎濞灪磙碨磊山壟爾其枝
岐潭瀹渤蕩成汜乖蠻隔夷迴互
萬里若乃偏荒速告王命急宣飛
駿鼓楫汎海淩山於是候勁風揭

百尺維長綃挂帆席望濤遠決冏
然鳥逝鷸如驚鳧之失侶倏如六
龍之所掣一越三千不終朝而濟
所屆若其負穢臨深虛誓愆祈則
有海童邀路馬銜當蹊天吳乍見
而髣髴蝄像暫曉而閃屍羣妖遘
迕眇䁁冶夷決帆摧橦戕風起惡
廓如靈變惚怳幽暮氣似天霄靉

靆雲布𩂇昱絕電百色妖露呵歘
掩鬱矆睒無度於是舟人漁子徂
南極東或屑沒於黿鼉之穴或挂
罥于岑嶅之峰或掣掣洩洩于裸
人之國或汎汎悠悠于黑齒之邦
或乃萍流而浮轉或因歸風以自
反徒識觀怪之多駭乃不悟所歷
之近遠爾其為大量也則南澰朱崖

北灑天墟東演析木西薄青徐經
塗瀴溟萬有餘里吐雲霓含龍魚
隱鯤鱗潛靈居豈徒積太顛之寶貝
與隨侯之明珠將世之所收者常
聞所未名者若無且希世之所聞
惡審其名故可仿像其色靉霼其
形爾其水府之內極深之庭則有
崇島巨鼇峌𡵓孤亭擘洪波指太

清竭磐石栖百靈颺凱風而南逝
廣莫至而北征其垠則有天琛水
怪鮫人之室瑕石詭暉鱗甲異質
若乃岩坻之隈沙石之嶔毛翼產
鷇剖卵成禽鳧雛離褷鶴子淋滲
羣飛侶浴戲廣浮深若迺三光既
清天地融朗不汎陽侯乘蹻絕往
覿安期于蓬萊見喬山之帝像羣

仙縹眇餐玉清涯何奇不有何怪
不儲芒芒積流含形內虛曠哉坎
德卑以自居弘往納來以宗以都
品類物生何有何無

大德七年十一月八日
吳興趙孟頫書

此冊曾入石渠寶笈著
兩朝御覽之寶題為書名[illegible]
筆力圓勁[illegible]
[illegible]
唐之世[illegible]
代字[illegible]
咸豐五年十二月[illegible]

此冊曾入內府有
兩朝御[illegible]
[illegible]
[illegible]

丰安繹約趙伏安聞浮聖
教序得力來
癸亥春
吳興郁觀

十月初六
乙巳年

十一月
November

25

TUESDAY 星期二

趙孟頫 (1254—1322年)

行書《海賦》(十八開)

冊頁 紙本水墨 1303年作 25.6×9.8厘米 ×18

中國嘉德2004年秋季拍賣會
成交價 RMB 3,850,000

《海賦》以大海為觀照與描寫對象，繪聲繪色地展現了古人對大海的理解與認知，在西晉辭賦中極負盛名。此行書冊為趙孟頫50歲時所書，丰姿綽約，起伏安閑，筆力圓勁，意趣灑然，遒麗姿媚而又不失端莊肅穆，為其代表之作。此冊著錄於《石渠寶笈初編》，並鈐有乾隆、嘉慶兩朝皇帝御覽之寶，曾經祁寯藻、狄學耕等名家鑒藏。

趙孟頫 (1254—1322 年)

行書《海賦》（十八開 · 部分）

冊頁 紙本水墨 1303 年作 25.6×9.8 厘米 ×18

十月初七
乙巳年

十一月
November

26

WEDNESDAY 星期三

趙孟頫（1254—1322 年）

行書《海賦》（十八開 · 部分）

冊頁　紙本水墨　1303 年作　25.6×9.8 厘米　×18

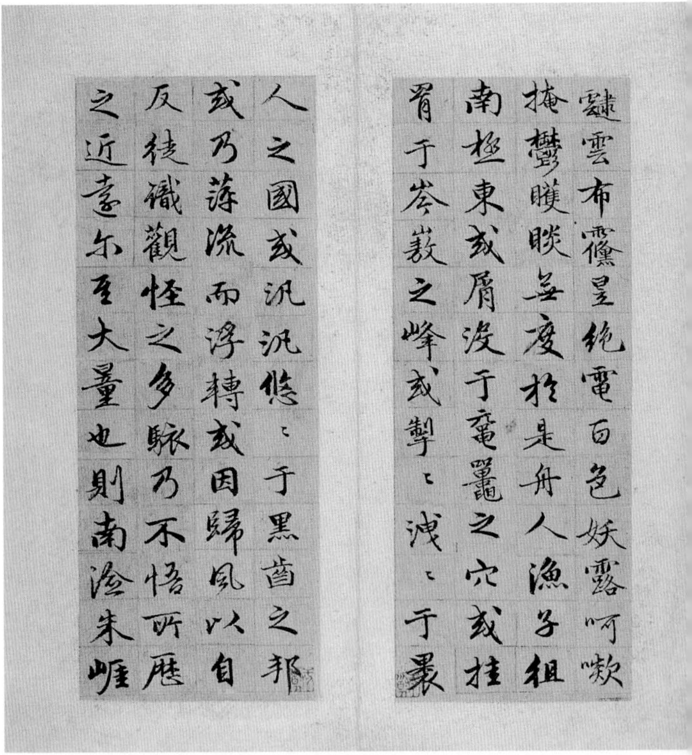

乙巳年
十月初八

感恩節

十一月 November

27

THURSDAY 星期四

百尺維長綃挂帆席望濤遠決冏
然鳥逝鷸如驚鳧之失侶倏如六
龍之所掣一越三千不終朝而濟
所届。若其負穢臨深虛誓愆期則

有海童邀路馬銜當蹊天吳乍見
而彷彿罔象暫曉而閃屍羣妖遘
迕眇䁊冶夷決帆摧橦戕風起惡
廓如靈變惚怳幽暮氣似天霄靉

趙孟頫 (1254—1322 年)

行書《海賦》（十八開 · 部分）

冊頁 紙本水墨 1303 年作 25.6 × 9.8 厘米 × 18

十月初九
乙巳年

GUARDIAN ART CALENDAR 2025

十一月
November

28

FRIDAY
星期五

北灑天墟東演析木西薄青徐經
塗瀴溟萬有餘里吐雲霓含龍魚
隱鯤鱗潛靈居豈徒太顛之寶貝
與隨侯之明珠將世之所收者常
聞所未名者若無且希世之所聞
惡審其名故可仿像其色靉靆其
形尓其水府之內極深之庭則有
崇島巨鼇峌嵲孤亭擘洪波指太

趙孟頫（1254—1322 年）

行書《海賦》（十八開 · 部分）

冊頁 紙本水墨 1303 年作 25.6×9.8 厘米 ×18

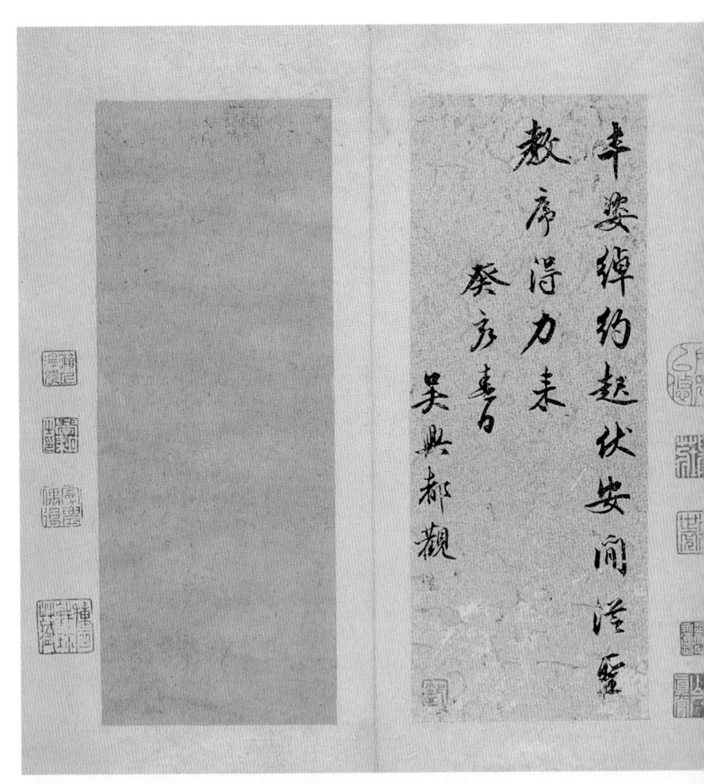

乙巳年
十月初十

十一月
November

29

SATURDAY 星期六

仙縹緲餐玉清涯何奇不有何怪
不儲芒、積流含形內虛曠哉坎
德卑以自居弘往納來以宗以都
品類物生何有何無

大德七年十一月八日
吳興趙孟頫書

趙孟頫（1254—1322 年）

行書《海賦》（十八開 · 部分）

冊頁 紙本水墨 1303 年作 25.6×9.8 厘米 ×18

十月十一
乙巳年

十一月
November

30

SUNDAY 星期日

此冊曾入 石渠寶笈有
兩朝御覽之寶題簽書名亦 西清鑒藏舊式
筆力圓勁意趣溢然自是松雪真蹟 賜本流
傳良可珍貴以近刻仿宋本文選校之脫數段
前後亦有舛錯蓋由裁翦重裱非元本也淮漢
作淮海筆誤騰傾廣沂等字与今本異至臣
唐之世今本作臣唐之代據李善注當是臣字
代字亦恐唐時避諱所改趙所見本固不误也
咸豐五年十二月祁寯藻觀并記

DECEMBER

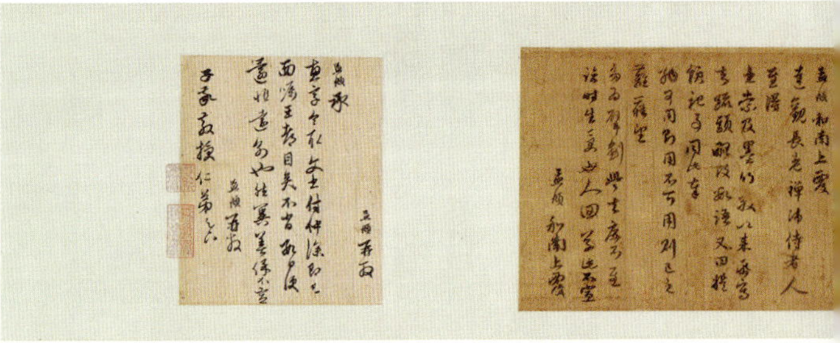

趙孟頫 (1254—1322 年)

行書三劄卷

手卷　紙本水墨　一劄 28.48 × 44.2 厘米；二劄 24 × 32.96 厘米；三劄 22.72 × 18.56 厘米

中國嘉德 2024 年春季拍賣會

成交價 RMB 92,000,000

十月十二
乙巳年

十二月
December

1

MONDAY 星期一

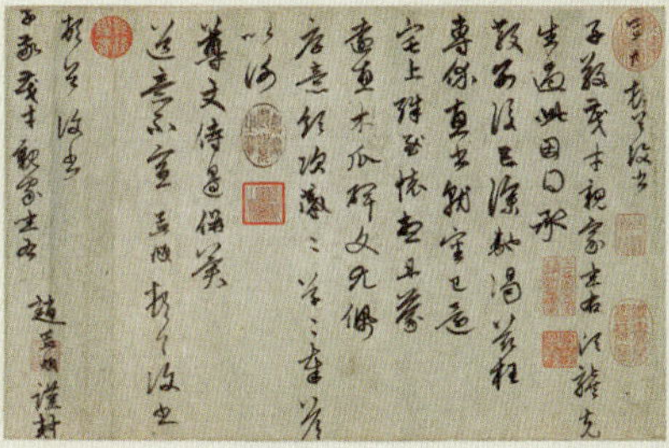

乾隆九年，趙孟頫三劄卷被著錄於《石渠寶笈初編》，據記載，卷後原有明代文元發、張鳳翼、王稚登三人題跋，對三劄極盡溢美之詞。可惜，此卷於1922年被溥儀以賞賜溥傑為名攜出宮外，後在離亂中題跋部分被割裂而去（見12月9日、12月10日）。此三劄卷被一位抗日將領購得並妥善保管至今。

趙孟頫（1254—1322 年）

行書三劄卷（局部）

手卷　紙本水墨　一劄 28.48×44.2 厘米；二劄 24×32.96 厘米；三劄 22.72×18.56 厘米

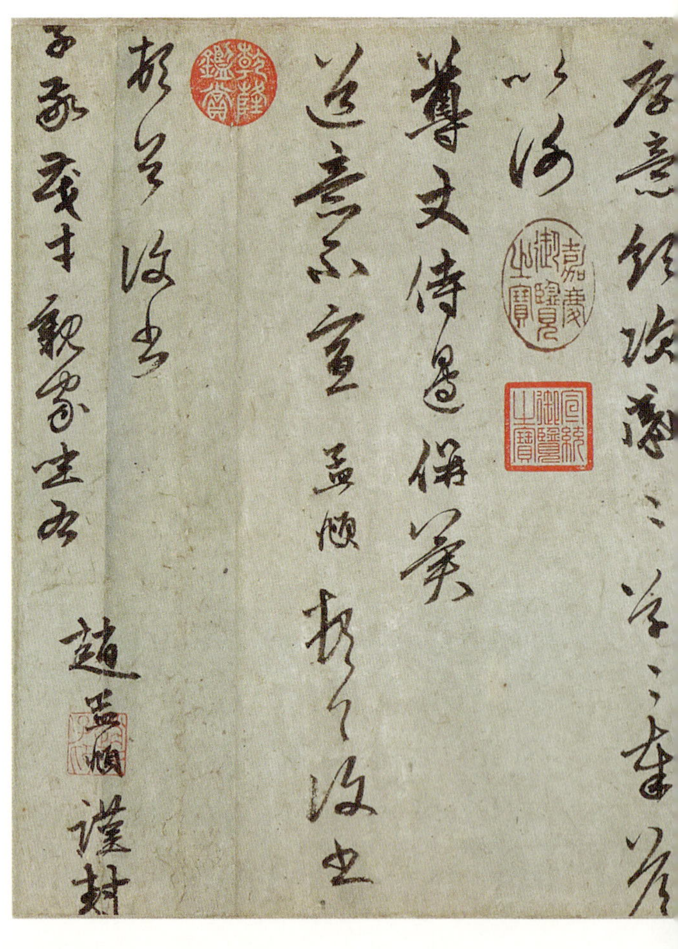

十月十三

乙巳年

十二月

December

2

TUESDAY

星期二

趙孟頫（1254—1322 年）

行書三劄卷（局部）

手卷　紙本水墨　一劄 28.48 × 44.2 厘米；二劄 24 × 32.96 厘米；三劄 22.72 × 18.56 厘米

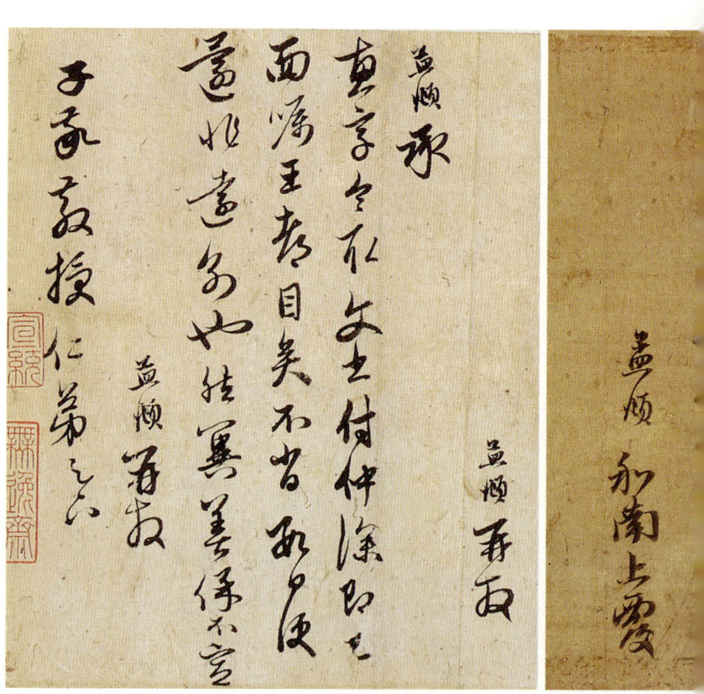

十二月

December

3

WEDNESDAY 星期三

十月十四

乙巳年

張為邦（清）

下元靈佑圖

手卷 紙本設色 1752 年作 57×312 厘米

中國嘉德（香港）2013 年秋季拍賣會
成交價 HKD 33,350,000

乙巳年 十月十五

十二月

December

4

THURSDAY　星期四

此卷為張為邦奉敕摹陸晃道教題材作品《三元圖》中的一幅，與另兩幅同著錄於《秘殿珠林三編》。此卷所繪主神乘龍輦，雲氣間海潮湧動，可知為水官。畫面綫描遒勁、色彩妍麗，是乾隆朝眾多《三元圖》摹本中唯一的設色本，也是目前所知張為邦唯一傳世道釋畫。此卷於清末散佚宮外，為歐洲人所得。後被裁割裝框作為室內陳設，首段稍缺，幸後卷保存完好。

張為邦（清）

下元靈佑圖（局部）

手卷 紙本設色 1752 年作 57×312 厘米

十月十六
乙巳年

十二月
December

5

FRIDAY

星期五

十月十七
乙巳年

十二月
December

6

SATURDAY 星期六

張為邦（清）
下元靈佑圖（局部）
手卷 紙本設色 1752 年作 57×312 厘米

太平瓊島景清妍
積瑞凝華霽靄烟
剛覺
天膏帝遍日果然
臘雪慶迎年粥香
惟祝農祥應冰戲
還思士氣騫正值伊
犁傳悔罪佇看露
布共春旋
乙亥臘日雪後悅心
殿即事一律奉命
董邦達

十月十八
乙巳年

大雪

GUARDIAN ART CALENDAR 2025

十二月
December

7

SUNDAY

星期日

董邦達 (1696—1769 年)

雪後悅心殿詩意圖

立軸 紙本水墨 1755 年作 91.6×45 厘米

中國嘉德 2005 年秋季拍賣會
成交價 RMB 4,950,000

中國嘉德 2009 年春季拍賣會
成交價 RMB 7,952,000

董邦達深得乾隆帝賞識，所作進御者極多。此軸乃董邦達奉命為乾隆帝《雪後》詩補圖之作。雖屬寫意，卻是實寫北京北海一帶景物。畫中瓊林密雪，殿閣臨水，白塔高峙，京城之情致宛然在目。上有乾隆御題自作詩，洋溢着瑞雪兆豐年的喜悅之情。作畫所用明代佳紙，光潔如玉，故筆雖秀而墨煥然。圖上璽印纍纍，經《石渠寶笈續編》著錄。

乙巳年 十月十九

十二月
December

8

MONDAY 星期一

董邦達（1696—1769 年）

雪後悅心殿詩意圖（局部）

立軸 紙本水墨 1755 年作 91.6×45 厘米

文元發、張鳳翼等（明）

行書三箚卷題跋

手卷 紙本水墨 1585 年 尺寸不一

中國嘉德 1997 年秋季拍賣會

未成交

十月二十
乙巳年

十二月
December

9

TUESDAY 星期二

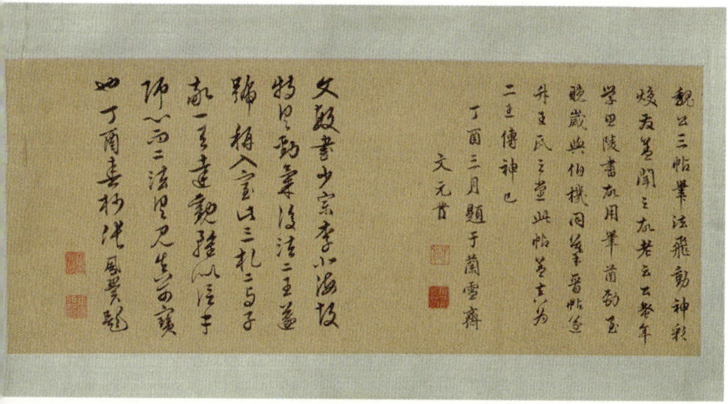

被著錄於《石渠寶笈初編》的趙孟頫三劄卷因離亂被割裂，此段為明代文元發、張鳳翼、王稚登三人題跋，兩卷分別於1997年和2024年在嘉德拍出。

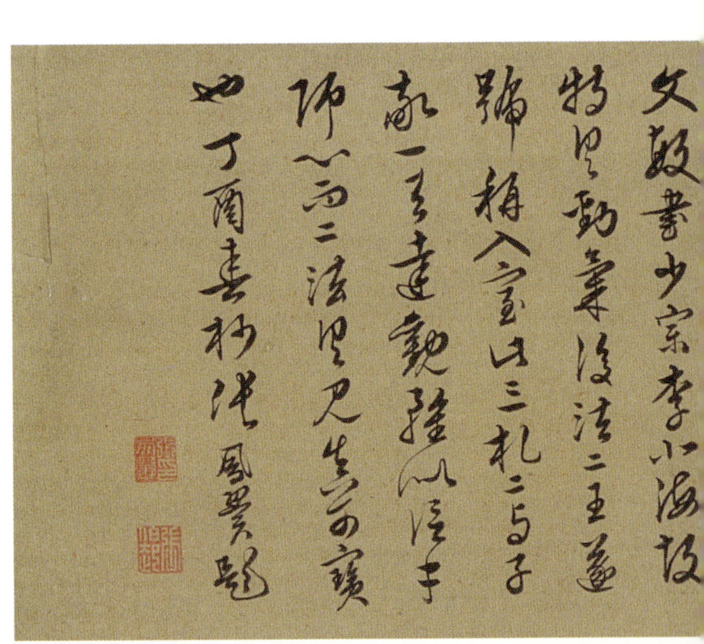

文元發、張鳳翼等（明）

行書三劄卷題跋（局部）

手卷 紙本水墨 1585年 尺寸不一

十月廿一
乙巳年

十二月
December

10

WEDNESDAY 星期三

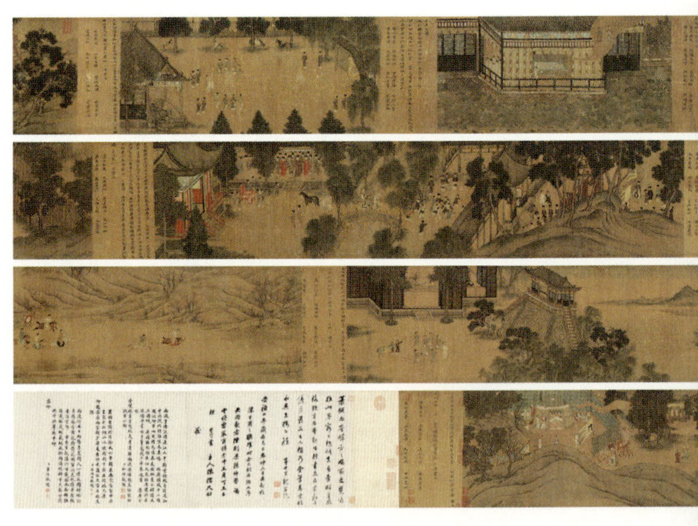

佚名（宋）

瑞應圖

手卷　絹本設色　34.5 × 1463.3 厘米

中國嘉德 2009 年春季拍賣會
成交價 RMB 58,240,000

十月廿二
乙巳年

十二月
December

11

THURSDAY 星期四

宋高宗為鞏固皇位，授意寵臣曹勛編寫“瑞應”故事，又命畫師配圖，是為《瑞應圖》。宋人畫《瑞應圖》目前國內僅見兩卷，一為天津博物館所藏，一即此卷。此卷共計12段，樹石畫法、人物綫描細緽綿麗。前後有董其昌、乾隆帝及諸大臣詩跋，是目前存世最為完整的一卷。本卷曾經司馬垔、都穆、張鳳翼鑒藏，並著錄於《石渠寶笈續編》。

乙巳年
十月廿三

GUARDIAN ART CALENDAR 2025

十二月
December

12

FRIDAY

星期五

佚名（宋）
瑞應圖（局部）
手卷 絹本設色 34.5 × 1463.3 厘米

乙巳年
十月廿四

十二月
December

13

SATURDAY 星期六

佚名（宋）

瑞應圖（局部）

手卷 絹本設色 34.5×1463.3 厘米

佚名（宋）

瑞應圖（局部）

手卷　絹本設色　34.5 × 1463.3 厘米

十月廿五
乙巳年

十二月
December

14

SUNDAY
星期日

十月廿六
乙巳年

GUARDIAN ART CALENDAR 2025

十二月
December

15

MONDAY

星期一

佚名（宋）
瑞應圖（局部）
手卷 絹本設色 34.5×1463.3 厘米

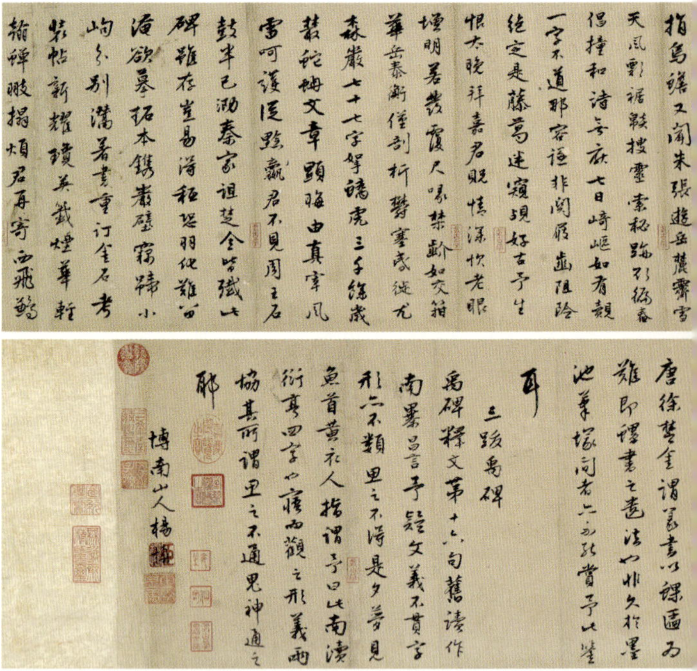

楊慎（1488—1559 年）

行書《禹碑考證》卷

手卷 紙本水墨 29.5×230 厘米

中國嘉德 2015 年春季拍賣會

成交價 RMB 20,125,000

十月廿七
乙巳年

十二月
December

16

TUESDAY 星期二

此卷是楊慎研究《禹碑》的重要手稿，書寫於作者謫戍雲南時期，書體承襲趙孟頫並融入晉人古雅氣韻。此卷曾為卞永譽式古堂所藏，後入清內府，著錄於《石渠寶笈續編》。民國時被溥儀攜往東北，分數段流散。其中一段現藏於故宮博物院，僅百餘字，另外兩段即此卷，保留了近三分之二的墨跡，對研究楊慎的書法藝術及金石學成就具有重要價值。

[illegible]賓倩蓀乎

神禹碑在岣嶁矣祝融

朱實龍畫傍分結構古鐶書

遍刻戈鋒銛萬八千丈不可上仙

十月廿八
乙巳年

GUARDIAN ART CALENDAR 2025

十二月
December

17

WEDNESDAY 星期三

楊慎（1488—1559 年）

行書《禹碑考證》卷（局部）

手卷 紙本水墨 29.5×230 厘米

徐揚（清）

乾隆南巡紀道圖

手卷 紙本設色 28.5 × 1930 厘米

中國嘉德 1995 年秋季拍賣會

成交價 RMB 2,970,000

十月廿九
乙巳年

十二月
December

18

THURSDAY 星期四

此卷繪乾隆十六年清高宗南巡蘇州，從京城到蘇州府一路上的地理風貌與民俗風物，可稱一部表現乾隆盛世的千里江山圖，是清代寫實性紀遊山水畫之傑作。徐揚繼承宋代以來的風俗長卷式手法，構圖宏偉，步移景換，無論繪江天寥闊、平原淒迷之狀，還是寫舟車穿梭、城鎮繁華之象，都能令人如臨其境。本卷經《石渠寶笈三編》著錄。

徐揚（清）

乾隆南巡紀道圖（局部）

手卷 紙本設色 28.5×1930 厘米

乙巳年

十月三十

十二月

December

19

FRIDAY

星期五

乙巳年
十一月初一

GUARDIAN ART CALENDAR 2025

十二月
December
20
SATURDAY 星期六

徐揚（清）
乾隆南巡紀道圖（局部）
手卷 紙本設色 28.5×1930 厘米

董其昌 (1555—1636 年)

疏林茅屋

手卷 紙本水墨 26.3×146 厘米

中國嘉德 1998 年秋季拍賣會

成交價 RMB 638,000

中國嘉德 2015 年秋季拍賣會

成交價 RMB 69,000,000

乙巳年 十一月初二

冬至

GUARDIAN ART CALENDAR 2025

十二月 December

21

SUNDAY 星期日

此卷疏秀的林木，輕勾淡皴的迂迴崗巒，水波不興的平江淺嶼，構建起董其昌心中典型的文人山水形象。畫中董其昌對速度、力量和水分恰到好處地把握，使墨色格外的淹潤通透，鬆秀清爽，意境平淡天真、古雅清和。雖未落年款，但從筆墨書法看，應是其盛年畫藝大成後得意之作。本卷曾經《石渠寶笈三編》著錄，為清內府佚出之物。

董其昌（1555—1636 年）

疏林茅屋（局部）

手卷　紙本水墨　26.3×146 厘米

乙巳年
十一月初三

十二月
December

22

MONDAY

星期一

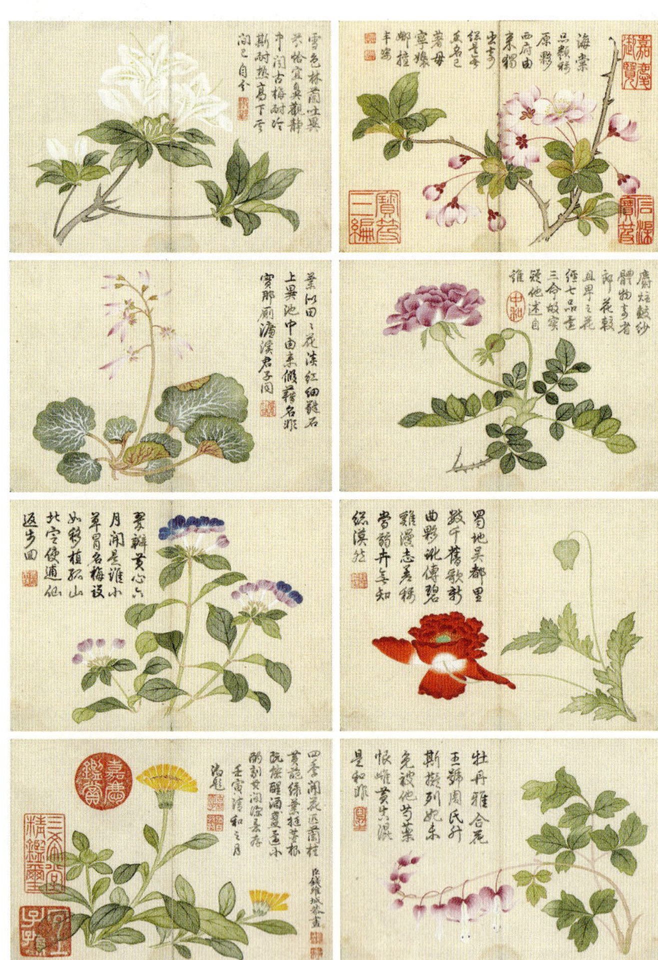

十一月初四
乙巳年

十二月
December
23

TUESDAY 星期二

錢維城 (1720—1772 年)

花卉冊 (八開)

冊頁 紙本設色 13×18 厘米 ×8

中國嘉德 2019 年秋季拍賣會
成交價 RMB 36,800,000

錢維城此冊尺幅皆小，因此多畫折枝。花葉翻飛，枝幹斜出，而花頭都奕奕向上，剪裁勾染十分用心。幅幅色澤清潤飽滿，朵朵蘊含生機，艷麗中有端莊之色，細謹中有力量充盈。每開上方都有乾隆皇帝詩題，所用皆淡墨，與畫面相得益彰。且題詩時，錢維城已去世十年，乾隆仍把玩此冊並吟詩題跋，可見其珍愛之情。此冊曾經《石渠寶笈三編》著錄。

錢維城 (1720—1772 年)

花卉冊 (八開 · 局部)

冊頁 紙本設色 13×18 厘米 ×8

乙巳年
十一月初五

十二月
December

24

WEDNESDAY 星期三

錢維城（1720—1772 年）

花卉冊（八開・局部）

冊頁 紙本設色 13×18 厘米 ×8

十二月
December
25
THURSDAY 星期四

*聖誕節

十一月初六
乙巳年

錢維城（1720—1772 年）

花卉冊（八開 · 局部）

冊頁 紙本設色 13×18 厘米 ×8

十二月
December

26

FRIDAY

星期五

乙巳年
十一月初七

*聖誕節後第一個周日

十一月初八
乙巳年

GUARDIAN ART CALENDAR 2025

十二月
December

27

SATURDAY
星期六

錢維城（1720—1772 年）
花卉冊（八開 · 局部）
冊頁 紙本設色 13×18 厘米 ×8

錢維城 (1720—1772 年)

花卉冊 （八開 · 局部）

冊頁 紙本設色 13×18 厘米 ×8

十二月
December

28

SUNDAY
星期日

十一月初九
乙巳年

錢維城（1720—1772 年）

花卉冊（八開 · 局部）

冊頁 紙本設色 13×18 厘米 ×8

29

十二月

December

MONDAY

星期一

十一月初十

乙巳年

錢維城（1720—1772 年）

花卉冊（八開 · 局部）

冊頁 紙本設色 13×18 厘米 ×8

乙巳年 十一月十一

十二月
December

30

TUESDAY 星期二

乙巳年 十一月十二

十二月 December 31

WEDNESDAY 星期三

佚名 (宋)

宋緙絲蟠桃獻壽圖

立軸 緙絲 117×47.5 厘米

中國嘉德 2010 年秋季拍賣會
成交價 RMB 22,400,000

此軸以本色絲為地，用多彩色絲緙織一位仙翁持桃獻壽。構圖簡練，配色和諧，層次分明，具有清曠雅逸之境。緙工精細，全幅無一處着筆，物象形態生動傳神，為緙絲藝術之傑作。《石渠寶笈》共著錄了三幅“宋緙絲蟠桃獻壽圖軸”，此軸為其中之一，收錄於《石渠寶笈三編》，據目前公布的資料看，國內外各大博物館尚無一家收藏，有此三件緙絲中的任何一件，足見其珍罕。

索　引

序號	作品名	作者	日期
1	草書《平安帖》	王羲之	1月1日—1月3日
2	隋人書出師頌卷	佚名	8月1日—8月3日
3	秋山平遠圖	（傳）關仝	8月10日—8月12日
4	太真上馬圖	（傳）周文矩	8月26日—8月29日
5	墨竹圖	蘇軾	10月25日
6	行書《秋夜》	米芾	10月6日—10月10日
7	寫生珍禽圖	趙佶（宋徽宗）	11月1日—11月5日
8	真草二體書嵇康《養生論》	趙構（宋高宗）	4月1日—4月10日
9	瑤池獻壽圖	（傳）方椿年	2月1日—2月5日
10	羅浮香夢圖	湯正仲	1月19日
11	宋人摹郭忠恕四獵騎圖	佚名	7月3日、7月4日
12	瑞應圖	佚名	12月11日—12月15日
13	跋隋人書出師頌卷	張達善	8月4日、8月5日
14	寫生卷	（傳）錢選	6月1日—6月4日
15	行書三劄卷	趙孟頫	12月1日—12月3日
16	行書《海賦》		11月25日—11月30日
17	《樂志論》書畫合璧卷	（傳）趙孟頫	9月19日—9月22日
18	溪山雨意圖	（傳）黃公望	2月17日、2月18日
19	溪山勝景（六開）		10月26日—10月31日
20	秋林獨騎	趙雍	9月23日、9月24日
21	滌硯圖	王蒙	5月1日—5月3日
22	說經圖	佚名	1月7日、1月8日
23	古木花冠	沈周	8月30日、8月31日
24	山水卷		9月27日—9月30日
25	朱子像	郭詡	9月10日

續表

序號	作品名	作者	日期
26	行書《西苑詩》	文徵明	8月13日—8月19日
27	行書《雜詠》		5月21日—5月24日
28	水仙	陳淳	1月16日—1月17日
29	行書《禹碑考證》卷	楊慎	12月16日、12月17日
30	雲川圖	陸治	5月25日、5月26日
31	赤壁圖	仇英	9月1日—9月4日
32	花卉並乾隆御題冊（十八開）	王穀祥	5月4日—5月18日
33	寫生卷	徐渭	3月15日—3月19日
34	行書三箚卷題跋	文元發、張鳳翼等	12月9日、12月10日
35	百花圖卷	周之冕	3月1日—3月10日
36	羅漢渡海	丁雲鵬	9月5日—9月9日
37	臨李公麟畫羅漢卷	吳彬	7月23日—7月31日
38	花村春慶圖	李士達	3月30日、3月31日
39	仿黃公望富春大嶺圖	董其昌	2月15日、2月16日
40	臨《淳化閣帖》（五開）		2月6日—2月8日
41	採菊望山圖書畫合璧		10月23日、10月24日
42	疏林茅屋		12月21日、12月22日
43	雲岩蕭寺圖	陳繼儒	11月8日、11月9日
44	唐人詩意圖	王翬	8月20日—8月25日
45	載鶴圖	惲壽平	10月3日—10月5日
46	仿宋人勾染圖冊（十二開）	蔣廷錫	10月11日—10月22日
47	仿宋人設色圖冊（十二開）		4月15日—4月26日
48	蟠桃圖		1月22日
49	瀟湘煙靄圖	朱倫瀚	5月19日、5月20日
50	雲棲山寺	張宗蒼	3月11—3月14日
51	雪獅聯句圖		11月22日—11月24日
52	臨董其昌書雜詩	張照	2月10日—2月13日
53	行書御製詩		10月2日

續表

序號	作品名	作者	日期
54	臨馬遠《瀟湘八景圖》	董邦達	5月27日—5月31日
55	雪後悦心殿詩意圖		12月7日、12月8日
56	葛洪山八景		3月22日—3月29日
57	袖珍山水冊（二冊二十開）		11月10日—11月21日
58	伯牙撫琴圖	丁觀鵬	4月11日—4月13日
59	四獵騎圖	丁觀鶴	7月5日、7月6日
60	下元靈佑圖	張為邦	12月4日—12月6日
61	群仙獻壽 （院本壽意圖）（十二開）	戴洪、 張為邦、 陳枚、 陳善、 丁觀鵬 （清康熙至乾隆）	1月23日—1月31日
62	歲寒三益	弘曆（乾隆帝）	2月9日
63	仿趙孟頫汀草文鴛圖		2月14日
64	水仙四幀		1月18日
65	御書《妙法蓮華經》 （三十六開）		9月25日、9月26日
66	行書題畫詩 （題《王時敏王鑒山水合璧》）		6月5日—6月7日
67	乾隆南巡紀道圖	徐揚	12月18日—12月20日
68	蘇軾艤舟亭圖	錢維城	1月20日
69	雁蕩圖		7月7日—7月22日
70	九如圖		10月1日
71	花卉冊（十二開）		1月9日—1月15日
72	行廬清供（山水花卉）（十二開）		6月20日—6月30日
73	花卉冊（八開）		12月23日—12月30日
74	台山瑞景		2月19日—2月28日
75	棲霞十景圖（十開）	董誥	6月8日—6月19日
76	松桂長春	弘旿	1月21日
77	法諸家山水冊（九開）	曹夔音	9月11日—9月18日

續表

序號	作品名	作者	日期
78	聽泉圖	金廷標	4月14日
79	湖山清興	沈映輝	8月6日—8月9日
80	鷲嶺敷春圖（長城嶺春晴攬勝圖）	黃鉞	3月20日、3月21日
81	御筆德楞泰奏報潼河大捷詩	顒琰（嘉慶帝）	7月1日、7月2日
82	嘉慶帝御製蜀信詩	趙秉沖	11月6日、11月7日
83	皇清職貢圖	沈煥	4月27日—4月30日
84	宋緙絲蟠桃獻壽圖	佚名	12月31日
85	欽定補刻端石蘭亭圖帖緙絲全卷	佚名	1月4日—1月6日

嘉德日曆 2025

編　　者　嘉德藝術中心

策　　劃　寇　勤　李　昕

特約編輯　楊　涓　李　倩

特約審校　李寒凝

營銷編輯　薛　煒　張志欣

設　　計　李猛設計工作室

設計協力　杜英敏

特別支持　中國嘉德國際拍賣有限公司

責任編輯　郭子晴

責任印製　劉漢舉

出版發行　中華書局（香港）有限公司

集古齋有限公司

ISBN 978-988-8862-96-2